◎历史文化城镇丛书

乡村振兴背景下
北京传统村落
传承利用研究

宋文杰　刘娟　单彦名　俞涛　等编著

中国建筑工业出版社

图书在版编目（CIP）数据

乡村振兴背景下北京传统村落传承利用研究 / 宋文杰等编著. —北京：中国建筑工业出版社，2021.8
（历史文化城镇丛书）
ISBN 978-7-112-26380-6

Ⅰ.①乡… Ⅱ.①宋… Ⅲ.①村落—调查研究—北京 Ⅳ.①K928.5

中国版本图书馆CIP数据核字（2021）第143674号

传统村落是北京历史文化名城的重要组成部分，是不可再生的历史文化资源。为了保护好、传承好、利用好北京传统村落，本书在完成传统村落普查的基础上，充分挖掘北京传统村落文化价值与空间分布特征，凝练北京传统村落核心价值，从历史、人文、空间多维度准确认知北京传统村落区域特征。同时，采用聚类分析方法，确定传统村落产业发展类型，采用分类施策、精准施策的手法，提出北京传统村落的传承利用发展路径和运营管理模式，强调理论与实践的融合与衔接，以期为北京传统村落的传承、利用提供技术支撑与实践依据。

本书适于规划、建筑及相关专业学者、从业者参考阅读。

责任编辑：杨　晓　唐　旭
版式设计：锋尚设计
责任校对：李美娜

历史文化城镇丛书
乡村振兴背景下北京传统村落传承利用研究
宋文杰　刘娟　单彦名　俞涛　等编著

*
中国建筑工业出版社出版、发行（北京海淀三里河路9号）
各地新华书店、建筑书店经销
北京锋尚制版有限公司制版
临西县阅读时光印刷有限公司印刷
*
开本：787毫米×1092毫米　1/16　印张：9¼　字数：188千字
2021年9月第一版　2021年9月第一次印刷
定价：**98.00元**
ISBN 978-7-112-26380-6
（37941）

版权所有　翻印必究
如有印装质量问题，可寄本社图书出版中心退换
（邮政编码100037）

编写单位

中国建筑设计研究院有限公司城镇规划院历史文化保护规划研究所

编写指导

赵　辉　李　宏　冯新刚　徐　冰　朱冀宇　王　岩　王　颖　许佳慧
韩　瑞　杨　超　王　浩　荣玥芳　宋芳晓

编写人员

宋文杰　刘　娟　单彦名　俞　涛　权可可　黄　旭　袁静琪　田　靓
李志新　韩　沛　赵文强　顾建波　田家兴　高朝暄　郝　静　孙雪婷
邹昕争　赵　亮　黎洋佟　李　霞　令晓峰　周　丹　李嘉漪　刘　闯
高　雅　何子怡　王汉威

Foreword 序

我们在向第二个百年梦想目标奋进的路上,依然必须清醒地认识到,中国发展离不开农村,中国社会不能没有农民,中国绝不会舍弃农耕文明和世代乡愁。当前,在新型城镇化进程中全面实施乡村振兴战略,就是要努力避免一些城镇化先行国家曾经出现过的"乡村衰落"。

习近平总书记在农村视察时告诫我们,要保护好中华民族的象征。几千年的农耕文明是我们中华传统文化延续的血脉,是中华文明谱系中灿烂辉煌的基干,是国家历史文化大保护大传承大发展不可离散的源泉。农耕文明的文化根基深植在农村田野,空间形态依托繁星点落的村庄山寨,文化精神浓浓地融于乡俗民间。传统村落就是那最耀眼的星眸。近些年,传统村落的保护与活化利用受到了国家前所未有的重视与社会关注,至今国家已经命名了五批6819个传统村落。中国已经是当今世界上最为宏大的乡村振兴、乡村建设、乡村发展的大市场,也是最为忧心、最为急迫、最为困难的众多传统村落保护的大战场。历史文化遗产是不可再生不可替代的宝贵资源,要始终把保护放在第一位,这是我们的历史责任和时代诉求。

当前,乡村地区传统村落保护与传承的任务依然十分艰巨,一是传统村落成规模的认定保护较晚、数量偏少,绝大部分古村落保护利用还处于摸索阶段。二是政府保护资金有限,尚未找到社会资本进入乡村从事历史文化保护事业的有效途径。三是保护与活化尚未形成系统经验,一些部门和地方沉湎于表面文章和花式保护,形式主义屡禁不绝,新时代的农耕文明传承基础上的乡土文化再生迫在眉睫。我们要根据新时代发展要求，不断提升对传统村落的乡土特色、地域特色、民族特色、民俗文化的认知，把保护与活化工作尽最大的努力做到实体化、要素化、项目化、规范化和产权化，组织培训提升村民保护意识和在保护中发展的自我救赎能力，推动传统村落保护修复的全程伴随式的知识服务与精心施工指导等等。

通过几十年的不断努力与建设，我国已经形成了世界文化双遗产、国家和省级历史文化名城、历史文化名镇、历史文化街区、历史文化名村和传统村落，以及优秀的历史文化建筑等从城市到乡村的历史文化保护谱系和空间系列。广袤的中华大地历史文化保护的外部环境和政策体制均处于历史上比较好的时期。我们要全面统筹快速城镇化发展与历史文化保护，深刻认识历史文化保护与传承是高质量城镇化发展的必然要求，是国家先进文化建设的丰富内涵，是实现社会主义现代化强国的精神产品。满足人民群众新时代日益增长的文化需求，保护人民大众的文化利益，就必须进一步加强包含乡村传统村落在内的一切历史文化遗产的保护，不断创新保护活化利用的机制。

国际化都市区、现代化都市圈、都市群、大城市周边等快速城镇化发展地区的乡村历史文化保护有其特殊困难性，在各方经济利益或投资效益的较量中，乡村地区的历史文化保护往往处于弱势地位，乡村历史文化环境的保护就更加困难了。北京市作为世界著名古都，历史文化深厚，传承脉络绵延，城乡更替交融，史前文明、古人类文明、农耕文明与古都文化文明相辅相成，编织了北京市历史文化的发展轨迹，记载着城市文明代代叠加的辉煌，播撒着农耕文明层层史料的精彩。截至2021年北京市还有3938个村庄，其中包含传统村落44个。这些是未来北京国际大都市独特的稀缺的特色空间载体，也是北京市文化保护和传承利用大文化的一统内涵。统一认识、同等对待、统筹保护，共同利用，时不我待。

建议读者重点看看本书的第3、4章，这是本次研究很有特点和说服力的科学方法运用与研究分析结晶。研究运用大数据信息，一部分侧重于空间物质性的村落物态环境研究（第4章），主要以传统村落的基础数据以及大数据为支撑，采用K-modes聚类分析法，依聚类特征划分京郊传统村落为内卷型、静态保护型、均衡发展型和动态发展型，为村落传承利用发展提供自成体系的科学分类指引。另一部分是以人文性为重点的村落文态环境研究（第3章），依托网络文本大数据、人流POI数据、设施POI数据等多种大数据开展相应的传统村落游客感知画像分析、村落文旅活力热度分析和村落服务功能配置评估。这种利用网络爬取的大数据开展传统村落的保护发展评估，及其对传统村落保护传承发展软硬环境的统筹分析是课题研究创新性的尝试。如有可能，应在更多的传统村落保护项目中应用总结。

本书编写单位是中国建筑设计研究院的城镇规划院，他们是我国较早从事农村地区历史文化保护利用研究的专业设计研究单位，也是我在建设部负责村镇建设部门工作期间考察认定的国家级技术支撑单位。多年来，他们始终如一地持续对乡村地区古村落、古村寨、古祠堂、古庙宇、古建筑和农耕文化环境开展保护利用研究。2020年他们参与的北京传统村落保护与发展设计研究与示范（课题编号：D2017143-1），形成了以本书为代表的研究成果。希望在北京大文化背景下，对城乡历史文化共同保护与协同繁荣方面，不断提出更具独到的见解，课题成果的吸引力与实效性将会进一步增强。

发展是历史的，发展属于人民，发展承载千秋万代。期盼全国有更多的传统村落保护研究成果和传承活化利用案例的出版。

中国城镇化促进会　副主席
中国城市发展研究院　名誉院长
住房和城乡建设部村镇建设司　原司长

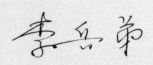

2021年7月6日

本书是中国建筑设计研究院2020年启动的北京传统村落保护与发展设计研究与示范（课题编号：D2017143-1）的成果之一，是在国家乡村振兴战略背景下，对北京市传统村落传承利用情况进行的深入研究、评估，以及传承发展的思考。

目前，基于传统村落的挖掘保护已开展大量工作，国家层面相继认定公布五批共6819个中国传统村落，地方也相继进行了传统村落的挖掘认定。然而，在保护的基础上如何传承文化、如何创新利用成为政府、专家学者、企业家、实践者等社会各界广泛讨论、研究和实践探索的方向。《国家乡村振兴战略规划（2018-2022年）》在村庄分类中明确将此类村庄划定为"特色保护类村庄"，使其成为实施乡村振兴战略与乡村文化复兴的重要抓手。因此如何活态传承利用传统村落，是历史文化保护工作者的重要使命，也是本书开篇立意的重要缘由。

北京市作为世界著名古都，历史文化深厚，截至2021年北京市共有传统村落44个。农耕文明与古都文化相辅相成，成为北京市历史文化保护和传承利用的不可或缺的一部分。本书立足国家乡村振兴战略，结合大数据信息，研究分析京郊传统村落的传承利用情况，希望能对北京传统村落的传承与利用工作起到一定的借鉴指引作用。本书主要研究内容如下：

第1章为概述，简述了我国传统村落保护发展历程，北京市传统村落保护利用工作情况，基于此提出了认知北京传统村落价值、评估传承利用情况、探索发展策略模式等主要研究方向。

第2章为北京市传统村落保护发展概况，系统梳理了北京市传统村落保护现状、资源特色、空间分布特征，并分析了传承发展的基本情况。

第3章为基于大数据的北京传统村落传承利用评估，依托网络文本大数据、人流POI数据、设施POI数据等多种大数据开展相应的传统村落游客感知画像分析、村落文旅活力热度分析和村落服务功能配置评估。利用网络爬取的大数据开展传统村落的保护发展评估也是本书创新性的尝试。

第4章为基于K-modes的北京传统村落传承利用分类研究，以传统村落的基础数据以及大数据为支撑，采用K-modes聚类分析法，结合聚类后的特征，划分京郊传统村落为内卷型、静态保护型、均衡发展型和动态发展型，为后续村落传承利用发展提供指引。

第5章为北京传统村落传承利用路径研究，依据村落的空间特色和分类研究基础，探索京郊传统村落的空间发展布局、不同类型村落的业态发展模式，最后以案例形式开展了不同类型传统村落的发展建议指引。

本书在编制过程中得到了多位专家学者的悉心指导，尤其得到了中国建筑工业出版社杨晓编辑的大力支持，在此对他们的工作和对本书的帮助表示衷心感谢！此外，由于针对传统村落的传承利用研究观点多角度、路径多维度、实践多模式，编者对其认识难免有不足之处，书中引用的材料已标明出处，如有遗漏，敬请指正。希望在传统村落的保护利用领域与大家携手共进！

编写组

2021年7月2日

Contents 目录

Chapter 1
第1章　背景概述　　　　　　　　　　　　　　　　　001
　　1.1　研究背景　　　　　　　　　　　　　　　　002
　　1.2　研究目的和研究内容　　　　　　　　　　　005
　　1.3　研究方法　　　　　　　　　　　　　　　　006

Chapter 2
第2章　北京传统村落保护发展概况　　　　　　　　009
　　2.1　北京传统村落基本情况　　　　　　　　　　010
　　2.2　北京传统村落空间分布特征　　　　　　　　019
　　2.3　北京传统村落发展情况　　　　　　　　　　025

Chapter 3
第3章　基于大数据的北京传统村落传承利用评估　　033
　　3.1　大数据下的北京传统村落感知画像　　　　　034
　　3.2　人流POI数据下的传统村落活力分析　　　　043
　　3.3　设施POI数据下的传统村落功能配置评估　　051

Chapter 4
第4章　基于K-modes的北京传统村落传承利用分类研究　069
　　4.1　基于K-modes的传统村落传承利用分类评估方法　070
　　4.2　评估指标体系构建与应用　　　　　　　　　073
　　4.3　价值构成与类型判断　　　　　　　　　　　078

Chapter 5
第5章　北京传统村落传承利用路径探究　　　　　　091
　　5.1　北京传统村落空间发展研究　　　　　　　　092
　　5.2　北京传统村落产业发展策略研究　　　　　　096
　　5.3　典型传统村落分类发展典型案例研究　　　　104

附录：北京市传统村落基本概况梳理　　　　　　　　121

Chapter 1
第 1 章

背景概述

◀ 北京市门头沟区雁翅镇苇子水村

1.1 研究背景

1.1.1 我国传统村落保护发展历程

近年来，随着城镇化进程的不断加快，传统文化保护工作受到了前所未有的重视，保护研究工作开展迅速。2021年中央一号文件指出"加强村庄风貌引导，保护传统村落、传统民居和历史文化名村名镇，加大农村地区文化遗产遗迹保护力度"。以传统村落为突破，实现村镇发展提升，是城乡结合发展中一项重要任务。

"中国传统村落"已公布五批共6819个，它们是我国优秀的历史文化遗产，是弘扬民族传统文化、实施乡村振兴战略与乡村文化复兴的重要抓手。自2012年开展传统村落保护开始，我国传统村落主要经历了摸家底定标准、保护机制构建、保护制度完善、传承利用发展不同阶段，完成了从抢救性保护到可持续性传承发展，助力乡村振兴。

1. 摸家底定标准

2012年传统村落摸底工作启动，住房和城乡建设部、文化部、国家文物局、财政部于同年印发《关于开展传统村落调查的通知》，并同时开展村落档案及名录建立工作，探索保护管理制度。2013年起，每年中央一号文件均提出传统村落保护要求，同年住房和城乡建设部印发《传统村落保护发展规划编制基本要求（试行）》，指导传统村落保护发展规划的编制。

2. 保护机制构建

2014年住房和城乡建设部、文化部、国家文物局、财政部四部委印发《关于切实加强中国传统村落保护的指导意见》，要求全面提升人居环境，建立保护管理机制，明确退出机制，提出合理综合利用，同时开展传统村落建筑修缮、传统村落系列宣传等工作，并明确了加强中央财政补助，研究确定纳入财政支持的村落范围，自此展开了多批中国传统村落评审认定工作。

3. 制度完善细化

2016年住房和城乡建设部会同文化部、国家文物局、财政部、国土资源部（现自然资源部）、农业部、国家旅游局七部委联合发布《中国传统村落警示和退出暂行规定（试行）》，共同开展中国传统村落警示和退出工作。2017年，中共中央办公厅、国务院办公厅印发《关于实施中华优秀传统文化传承发展工程的意见》，将中国传统村落保护工程列为主要项目之一，并提出积极推动传统村落数字化工作。随后住房和城乡建设部下发《关于开展引导和支持设计下乡工作的通知》，明确提出支持规划、建筑、景观、市政、艺术设计、文化策划等领域设计人员下乡服务，大幅提升乡村建设水平，推进传统村落保护技术的不断完善。

4. 传承利用发展

2019年，住房和城乡建设部《关于加强贫困地区传统村落保护工作的通知》提出科学把握贫困地区传统村落保护利用、活态传承与创新发展的关系，坚持保护优先、民生为本，合理利用贫困地区传统村落文化资源，发展旅游经济，助力脱贫攻坚。2020年住房和城乡建设部下发《关于实施中国传统村落挂牌保护工作的通知》，统一化标牌保护。《中共中央关于制定国民经济和社会发展第十四个五年规划和二〇三五年远景目标的建议》中提出实施乡村建设行动，把乡村建设摆在社会主义现代化建设的重要位置。强化县城综合服务能力，把乡镇建成服务农民的区域中心。统筹县域城镇和村庄规划建设，保护传统村落和乡村风貌。在中央农村工作会议上，习近平总书记强调脱贫攻坚取得胜利后，要全面推进乡村振兴，注重保护传统村落和乡村特色风貌。2021年中央一号文件再次提出加强村庄风貌引导，保护传统村落。

◆ 传统村落政策文件　　　　　　　　　　表1-1

时间	文件名称	核心内容
2012年4月	《关于开展传统村落调查的通知》	启动和摸底
2013年7月	《关于做好2013年中国传统村落保护发展工作的通知》	建立档案，完成保护发展规划编制工作
2013年9月	《传统村落保护发展规划编制基本要求（试行）》	指导传统村落保护发展规划的编制
2014年4月	《关于切实加强中国传统村落保护的指导意见》	全面提升人居环境、建立保护管理机制，明确退出机制，提出合理综合利用
2014年9月	《关于做好中国传统村落保护项目实施工作的意见》	开展传统建筑保护修缮

续表

时间	文件名称	核心内容
2014年9月	《关于组织开展中国传统村落系列宣传活动的通知》	关于组织开展中国传统村落系列宣传活动的通知
2015年6月	《关于坚决制止异地迁建传统建筑和依法打击盗卖构件行为的紧急通知》	制止和打击破坏传统建筑的行为
2015年9月	《关于征集中国传统村落数字博物馆设计方案的通知》	启动中国传统村落数字博物馆建设
2016年11月	《中国传统村落警示和退出暂行规定（试行）》	建立中国传统村落退出机制的要求
2017年2月	《关于做好中国传统村落数字博物馆优秀村落建馆工作的通知》	建立传统村落数字博物馆
2018年9月	《住房和城乡建设部关于开展引导和支持设计下乡工作的通知》	整县推进，期限2年，2000万元/年，特色村落保护，期限1年，400万元/项
2018年10月	中共中央 国务院印发《乡村振兴战略规划（2018-2022年）》	划定乡村建设的历史文化保护线，保护好文物古迹、传统村落、民族村寨、传统建筑等
2020年2月	《中共中央 国务院关于抓好"三农"领域重点工作确保如期实现全面小康的意见》	实施乡村文化人才培养工程……保护好历史文化名镇村、传统村落、民族村寨、传统建筑等

（来源：研究团队自制）

1.1.2 北京市传统村落工作成果

2012年北京市启动传统村落相关工作，挖掘建立市级传统村落名录，组织申报国家级"中国传统村落"。截至2021年，北京市共有传统村落44个，其中22个中国传统村落，22个北京市级传统村落。

同时，北京市出台相关政策和技术文件，加强传统村落的保护和管理。2016年北京市编制了《北京市传统村落保护发展规划设计指南》，以规范传统村落规划的编制工作。2017年为使用统一的标准整合和审查批准传统村落保护发展规划，编制了《北京传统村落保护发展规划编制与审查工作手册》。2018年制定了《北京市传统村落修缮技术导则》，规范了传统村落中建筑的修缮和改造行为，《关于加强传统村落保护发展的指导意见》提出进一步改善人居环境，深度挖掘和传承优秀传统文化，实现传统村落的可持续发展。

◆ 北京市传统村落政策文件　　　　表1-2

时间	名称	出台单位
2016年	《北京市传统村落保护发展规划设计指南》	北京市规划和国土资源管理委员会
2017年	《北京传统村落保护发展规划编制与审查工作手册》	北京市规划和国土资源管理委员会
2018年	《北京市传统村落修缮技术导则》	市住建委、市农委
2018年	《关于加强传统村落保护发展的指导意见》	北京市人民政府办公厅

（来源：研究团队自制）

1.2 研究目的和研究内容

1. 认知北京传统村落价值特征

北京市现有村庄数量3938个，共有传统村落44个，约占村庄数量的1.12%，其中已公布的中国传统村落22个。传统村落是北京历史文化名城的重要组成部分，是不可再生的历史文化资源。为了保护好、传承好、利用好北京传统村落，在完成传统村落普查的基础上，研究充分挖掘北京传统村落文化价值与空间分布特征，凝练北京传统村落核心价值，从历史、人文、空间多维度准确认知北京传统村落区域特征。

2. 评估北京传统村落发展传承状况

时下，大数据分析已渗透到各行各业的分析、研究及应用当中。基于人的时空行为的大数据，被不断应用到以"人地关系"为核心视角的研究当中，突破了传统空间数据下的分析模式，让空间变得有反馈、有画面，更加有利于优化空间、检验空间。本章基于传统村落的大数据分析，是一种尝试性探索。我们聚焦于采用现代的技术手段描绘刻画传统村落的传承利用现状，将历史文化空间与原住民的生活感知和游客群体的游览体验建立有效链接，真实探析人与地之间的互动关系。通过马蜂窝、携程、百度指数及百度位置等大数据的挖掘，从整体村落评价、游客感知印象、村落旅游活力、设施服务水平等方面，分析北京传统村落传承发展阶段及现状主要问题，同时输出客观定量化的指标数据，作为判定传统村落产业发展定位的依据。

3. 探索研究北京传统村落发展策略及模式

对北京传统村落提出"一村一品、一村一策"的发展策略，研究结合其特征数据采用聚类分析方法，确定传统村落产业发展类型，采用分类施策、精准施策的手法，提出北京传统村落的传承利用发展路径和运营管理模式。研究强调理论与实践的融合与衔接，以期为北京传统村落的传承、利用提供技术支撑与实践依据。

1.3 研究方法

北京传统村落利用研究以国家政策要求和北京实践等背景研究为基础，提出北京传统村落应以乡村振兴为抓手，充分利用村落自然资源与历史文化资源特色，带动区域产业特色建设发展。研究从资源挖掘、现状研判、分类指引三方面，开展北京传统村落传承利用研究。

首先，整体层面摸清家底，挖掘特征。研究采用文献综述、实地调研等方法，分析判断北京传统村落选址格局、传统风貌、物质文化遗产、非物质文化遗产等基本概况，结合北京行政分区、地形地貌、线性地物分析空间分布特征，并在分析北京历史文化脉络的基础上，提出北京传统村落核心价值特征。

其次，个体层面数据分析，现状研判。①游客需求分析：依据评价，分析出村庄设施、景观、交通方面的优劣，通过词频分析出游客需求层次和发展趋势；②进行人群时空数据分析，判断村落旅游活力；③进行设施供给水平分析，综合判断需求情况、旅游发展现状、设施配置短板。

然后，基于价值评估的传承利用进行分类。采用K-modes聚类分析方法，从资源价值、设施本底、产业发展三个方面构建评估指标体系，指标数据以实地调研数据及GIS空间数据分析数据为基础，划定北京传统村落传统利用类型。

最后，研究结合传统村落实践，提出发展建设策略与模式。一是梳理北京各级文物保护单位、历史文化名镇名村、传统村落、国家遗址公园、风景名胜区等历史文化资源，构建三核、三带、五区传统村落（文化）区域发展布局。二是结合北京传统村落特征，以历史文化资源有效利用、生态环境保护提升、多元产业综合发展为总要求，提出四类传统村落的建设目标和发展方向。三是采用典型案例借鉴分析的方法，从管理运营模式村落产业发展、村落空间提升三方面，提出发展路径指引，强调发展基于现状，实施便于操作，落实政策支撑，为传统村落建设发展提出政策创新的理论依据。

▲ 图1-1　研究技术路线图（来源：研究团队自绘）

Chapter 2
第 2 章

北京传统村落保护发展概况

◀ 北京市房山区南窖乡南窖村

2.1 北京传统村落基本情况

2.1.1 传统村落保护情况

我国分别于2012年、2013年、2014年、2016年和2019年公布了五批中国传统村落名录，共计6819个村庄，其中北京市有22个村被列入名录。2018年，北京市启动了第一批市级传统村落名录建立工作，有44个村基本符合评价认定标准，其中有22个村同时属于国家级传统村落。44个村庄共有村民1.287万户，36013人；传统建筑占比超过30%的村庄39个，30%~50%的21个，50%~70%的12个，70%以上的6个；各级文物保护单位48处，其中国家级8处、市级8处、区级32处；第三次全国文物普查不可移动文物107处；各级非物质文化遗产代表项目11个，其中国家级3个、市级6个、区级2个。

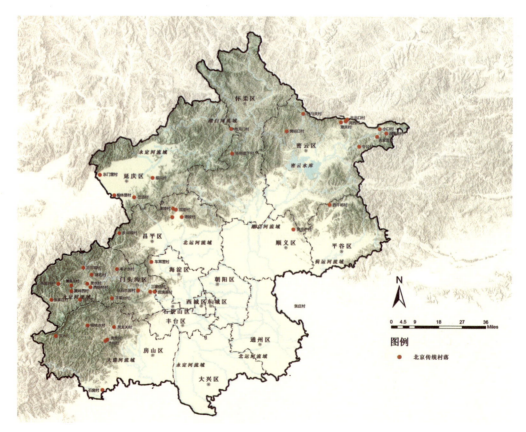

▲ 图2-1　北京市传统村落空间分布示意
（行政边界审图号：京S（2021）023号；高程数据来源：地理空间数据云ASTER GDEM 30M分辨率数字高程数据；研究团队以此为底图绘制）

2.1.2 传统村落资源特色

北京市域地形地貌的基本特征是背靠群山,面向平原,即东、北、西三面环山,东南向敞开,呈海湾状。其中山区占三分之二,平原占三分之一。北京市内河流水系众多,有100余条,分属于永定河、潮白河、拒马河、北运河、蓟运河5大水系。

北京由于在地理上的重要地位,经历了无数次的战争和朝代更迭。自辽升幽州为北京以来,先后成为金、元、明、清的国都所在地。每一次的改朝换代都会迎来北京城市建设的新高峰,对北京地区传统村落也具有重要的影响作用。

北京的传统村落充分反映了与其地形地貌和历史的紧密联系,也因此而具有较强的特点。位于山区的传统村落大多依水、傍湖、沿沟,一些传统村落还具有传统"四神砂"结构(特指龙山、虎山、朱雀和玄武诸山)和"瞭望—庇护"景观结构,形成与山地自然环境协调完整的整体人文生态系统,如门头沟区马栏村、水峪村等。位于平原的传统村落空间格局保存较好,基本保留了原有村落的格局肌理。民居以合院式建筑为主,位于平原的村落院落形式较为规整,而结合山地环境发展起来的四合院虽不同于平原,但山地四合院更具环境特征,形成天人合一的乡土建筑特色和山地居住环境。

▲ 图2-2 门头沟水峪村(来源:李秋童摄)

▲ 图2-3 门头沟黄岭西村(来源:研究团队何子怡摄)

▲ 图2-4 门头沟马栏村(来源:研究团队单彦名摄)

▲ 图2-5 门头沟苇子水村(来源:研究团队单彦名摄)

◆ 北京传统村落特色汇总表　　　　　　　　　　　　表2-1

序号	区	镇	村落	主要价值特色概述	备注
1	门头沟	斋堂镇	爨底下村	山地型传统村落。依山而建形成独特的民居形式，整体保存情况较好。明清时期为重要的古驿道	中国传统村落、历史文化名村、全国重点文物保护单位
2			灵水村	山地型传统村落。历史悠久，文物古迹众多，村内保存了大量明清时期的寺庙、民居等建筑，整体保存情况较好。有国家级非物质文化遗产京西太平鼓	中国传统村落、历史文化名村
3			黄岭西村	山地型传统村落。有500多年建村史，保存文物古迹众多。抗战模范村，体现了平西抗日革命文化	中国传统村落
4			马栏村	山地型传统村落。依山势而建，民居以一进四合院为主，部分传统建筑保存较好。京郊著名的红色文化基地	中国传统村落
5			沿河城村	山地型传统村落。始建于明代，部分建筑保存较好。古为边关要塞，为内长城链上重要的军事枢纽，整个村落被城垣包裹，为京师西部之壁垒	中国传统村落
6			西胡林村	平原型传统村落。部分传统建筑院落保存较好	中国传统村落
7		龙泉镇	三家店村	平原型传统村落。城中村，沿永定河东岸呈带状分布，村落为防止永定河泛滥，街道两侧地坪较高，出门以台阶和道路相连。部分建筑保存较好	中国传统村落
8			琉璃渠村	平原型传统村落。部分建筑格局完整、造型精美、工艺精良。琉璃渠村烧造琉璃，至今已有七百余年的历史，其精湛的琉璃制作工艺是皇家琉璃制作的代表，列入国家级非物质文化遗产保护名录	中国传统村落、历史文化名村
9		雁翅镇	苇子水村	山地型传统村落。传统民居分布在九龙八岔（九道山梁）之中，依山建有46座明清四合院，有部分保存完好。苇子水秧歌戏现已列入北京市非物质文化遗产保护名录	中国传统村落
10			碣石村	山地型传统村落。始建于元末明初，现有明清时期四合院18座，三合院27座，二合院14座，保存完好；另存古槐3棵，古井72眼	中国传统村落

续表

序号	区	镇	村落	主要价值特色概述	备注
11	门头沟	大台办事处	千军台村	山地型传统村落。为京西古道主干道上的重要节点，商旅往来的必经之路。村内建筑院落墙门保存比较完整。有流传至今百年历史的国家级非物质文化遗产——千军台幡会	中国传统村落
12	门头沟	清水镇	燕家台村	平原型传统村落。村内有保存较好的古民居院落5座，民居建筑风格明显、雕刻图案丰富	
13	门头沟	清水镇	张家庄村	平原型传统村落。村内传统建筑文化内涵丰富，有戏台、古井、磨房、影壁和保存相对完好的7座古民居	
14	门头沟	王平镇	东石古岩村	山地型传统村落。村庄整体依山顺势而成，与京西古道历史一脉相承，有区级文保单位——石佛岭古道及摩崖石刻；村内院落以一进的三合院为主，老建筑群保存较为完整；村内宣纸烙画、剪纸等民间传统文化保存及传承情况较好	中国传统村落、区级文物保护单位
15	房山区	南窖乡	水峪村	山地型传统村落。村庄依山势而建，S形古道贯穿而过。村内建筑院落以三、四合院居多，明清建筑群保留完整，有区文物保护单位——明清建筑群；古中幡传统文化保存完好，列入市级非物质文化遗产名录	中国传统村落、区级文物保护单位
16	房山区	南窖乡	南窖村	山地型传统村落。村域内历史资源禀赋，有古遗址3处，古宅150多间，古树100多棵；村内古商街建筑风格典雅古朴、底蕴深厚，狮子会、炮会等社团组织文化活动丰富	中国传统村落、历史文化名村
17	房山区	大石窝镇	石窝村	平原型传统村落。村庄始建于明代，以盛产汉白玉而闻名。村庄格局部署整齐，院落保存完整，有古刹显圣禅寺为全国重点文物保护单位，大石窝石作为市级非物质文化遗产	全国重点文物保护单位

续表

序号	区	镇	村落	主要价值特色概述	备注
18	房山区	佛子庄乡	黑龙关村	平原型传统村落。村庄始建于元末，位于大石河沿岸，房山北沟的核心地带；村内文化底蕴深厚，是元末龙神庙与祈雨文化的发轫地。村庄建筑院落以四合院为主，现有古民居100余间，部分建筑保存完好	
19	房山区	蒲洼乡	宝水村	山地型传统村落。村域现存有古树4株、祠庙1座、古碾7个、古磨2个、古宅60座。村内建筑院落以四合院为主，部分古民居建筑群保存完好；并有京西隗氏祭祖习俗作为非物质文化遗产	中国传统村落
20	房山区	史家营乡	柳林水村	山地型传统村落。村庄依山而建，有古街道1条、庙宇2处、古戏台1处、自然风景区1处及古民居四合院24处；村内有龙王庙等百年民俗遗产	
21	通州区	漷县镇	张庄村	平原型传统村落。村庄各街道保留原始模样，建筑物以民居为主，保存完好。村内传统文化资源禀赋，其中包括带有鲜明运河文化特色的运河龙灯会等活动	
22	顺义区	龙湾屯镇	焦庄户村	平原型传统村落。村庄始建于明清时期，完整地保留了合院式布局的村落格局，院落以一进院或二进院为主。村内遗存十余处革命遗迹，其中包括全国重点文物保护单位——地道战遗址	中国传统村落、历史文化名村、全国重点文物保护单位
23	昌平区	流村镇	长峪城村	山地型传统村落。村庄位于古时延庆、怀来两地进入京城的一处要道，曾是京西北长城的戍边城堡之一。村中包括多种类型的历史建筑，院落布局因地而异，相对灵活。其传统文化——社戏至今已有近600年的历史	中国传统村落

续表

序号	区	镇	村落	主要价值特色概述	备注
24	昌平区	十三陵镇	德陵村	平原型传统村落。村落布局完整，由古代监墙围合，整体风貌保存良好。村内有明熹宗朱由校和皇后张氏陵墓、大明古堡及古树、古建筑等	
25	昌平区	十三陵镇	康陵村	平原型传统村落。村庄布局规整，由古监墙圈围而成。村内传统资源有古遗址2处，以及古树、墓碑、殿基等遗址。"正德春饼宴"源于此地，至今已流传500余年	
26	昌平区	十三陵镇	茂陵村	平原型传统村落。该村明代为茂陵神宫监，后发展成村，村内有明十三陵的茂陵，是国家重点文物保护单位	国家重点文物保护单位
27	昌平区	十三陵镇	万娘坟村	平原型传统村落。该村位于苏山东麓，以坟得名。成村于清代，村内传统资源有古遗址2处，古树3棵，墓碑遗迹多处	
28	平谷区	大华山镇	西牛峪村	山地型传统村落。该村成村于同治年间，村内传统资源有古树若干棵。建筑以传统四合院为主，多为石块筑垒，保存完好	
29	怀柔区	琉璃庙镇	杨树底下村	山地型传统村落。村庄地处琉璃河北岸，房屋皆依山坡顺势而建，中式形制，院落整齐。村内敛巧饭风俗已被列入国家级非物质文化遗产名录，至今至少有180年的历史	
30	密云区	新城子镇	吉家营村	平原型传统村落。村庄三面环山，是由戍边城堡发展起来的村落，以城墙为界，建筑院落以合院为主，体现出明显的军营连排特色，保存完整	中国传统村落
31	密云区	新城子镇	小口村	平原型传统村落。村庄地处咽喉要道，交通枢纽，是来往雾灵山、云岫谷的必经之路。村内呈密集型布局。村内历史文化资源丰富，有区级文物保护单位关帝庙1处	
32	密云区	新城子镇	遥桥峪村	平原型传统村落。村庄四面环山，处于遥桥峪水库下游。村内有多处旅游景区，其中遥桥古堡保存完整。村内现存建筑多以明清风格为主	

续表

序号	区	镇	村落	主要价值特色概述	备注
33	密云区	古北口镇	古北口村	山地型传统村落。村落依山而建，背山面水，村落布局顺应地势，灵动多变。村内传统建筑布局各有特色。历史文化资源丰富，并有各级文保单位8处	中国传统村落
34			潮关村	平原型传统村落。村落明代建城堡，清朝设营寨，村内建筑依山而建，错落有致。有潮河关城堡遗址1座，保存较为完好	
35			河西村	平原型传统村落。村落由驻军城演变而成，已有2100多年历史。村域现存有西大梁和沿青龙山至东关的北齐长城及多处历史建筑。村内有区级文物保护单位清真寺1座；传统文化资源禀赋，民族多元，姓氏多样，并保留有隆福老会、腰鼓等传统技艺	区级文物保护单位
36		石城镇	黄峪口村	山地型传统村落。部分建筑保存完好。村域主要传统资源有长城敌台15座、古井2口、古树3棵、古建筑7座、古路4条、古蜂场2处。村内有历史悠久的养蜂文化，保留着传统的养蜂技艺	
37		太师屯镇	令公村	平原型传统村落。村落四面环山，是四山夹一河的风水宝地。村域主要传统资源有辽代令公古城堡、九龙十八潭、古洞悬阳等。村内建筑风格多样，保存完整	中国传统村落
38		冯家峪镇	白马关村	山地型传统村落。村庄被群山环抱，地势险要，古为要塞关口，是通往东北的主要通道。现存古城堡保存相对完整，民居特色明显，体现了边城要塞和风水古村的传统风貌，有着浓重的历史文化底蕴	

续表

序号	区	镇	村落	主要价值特色概述	备注
39	延庆区	八达岭镇	岔道村	平原型传统村落。村庄位于八达岭长城脚下，有着重要的防御作用。岔道城遗址是全国重点文物保护单位，古城保存完好，城内有官井和3棵古槐。城内外遗存大量明清古建筑、民居及其他文物	中国传统村落、全国重点文物保护单位
40		张山营镇	东门营村	平原型传统村落。村庄位于北京通往山西和内蒙古的咽喉要道。村内有9座庙宇，是当年方圆数十里居民供拜之地；至今保留着明清格局的街道和四合院落。村内农耕文化匾牌多处可见，呈现出对农耕文化的良好传承	
41		井庄镇	柳沟村	平原型传统村落。村内保留着较为完整的古城墙、烽火台、明代城隍庙等古遗址，北城门外有瓮城1座。村内保留极具特色的柳沟手工艺酸浆豆腐文化	
42		永宁镇	南天门村	平原型传统村落。传统民居建筑以青瓦双坡硬山屋顶、合院为主，院落布局开阔舒朗。原生态地保留着原有的生产生活方式，农耕文化深厚	
43		康庄镇	榆林堡村	平原型传统村落。村庄区位显著，北靠国家湿地自然保护区。村内建筑颇具特色，街巷仍保持明清格局，遗留典型古建筑6座，民居住房多为古老四合院，保存完好	
44	海淀区	苏家坨镇	车耳营村	山地型传统村落。村庄位于大西山凤凰岭自然风景区南线景区，群山环抱。该村历史悠久，文化底蕴丰厚，有北魏石佛、关帝庙、黄普陀、古松名木等多处文物古迹。村内传统文化活动丰富，具有突出的旅游特色资源	历史文化名村

（来源：由研究团队整理）

2.2 北京传统村落空间分布特征

2.2.1 空间聚集分布特征

北京传统村落主要分布在10个郊区，26个乡镇，其中门头沟区14个，密云区9个，房山区6个，昌平区、延庆区各5个，通州区、顺义区、平谷区、怀柔区、海淀区各1个，呈现出在空间分布上西北山区多、东部较少的特点。

结合核密度分析结果，北京传统村落空间分布呈现4片3核多点的空间分布结构。4片即传统村落分布数量较多村落空间聚集连片的4个片区，主要包括门头沟片区、房山片区、昌平片区、密云片区。

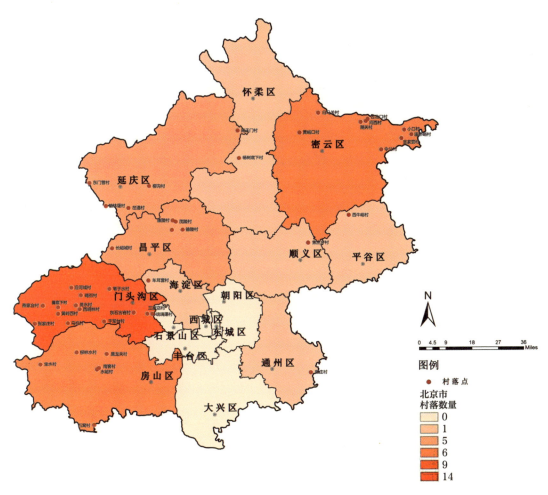

▲ 图2-6　北京市传统村落空间分布图
（行政边界审图号：京S（2021）023号；研究团队以此为底图绘制）

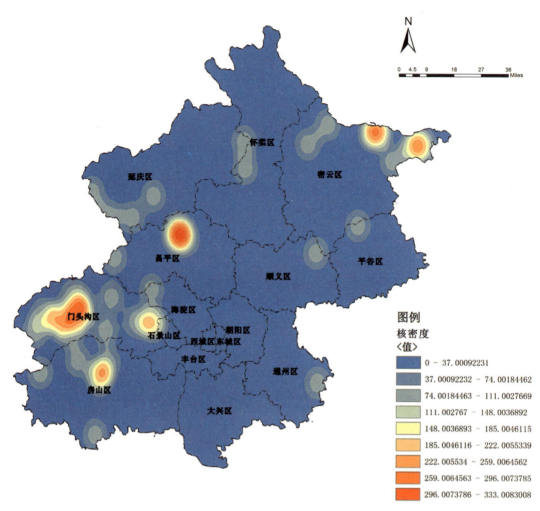

▲ 图2-7　北京市传统村落空间聚集度分析图
（行政边界审图号：京S（2021）023号；研究团队以此为底图绘制）

3核即传统村落空间高度聚集，集中分布在镇辖区及邻近镇辖区范围内的传统村落核心区，主要包括以门头沟区斋堂镇为核心的传统村落核心区、以昌平区十三陵镇为核心的传统村落核心区、以古北口及新城子镇为核心的传统村落核心区。多点即延庆区、怀柔区、密云区、平谷区、顺义区、通州区、昌平区、房山区内呈散点空间分布的传统村落。

2.2.2　空间地貌分布特征

北京居于华北平原北端，全市60%以上地区为山区。根据《北京市浅山区保护规划（2017—2035年）》的公示文件，将北京高程100米以下划定为平原区，100～300米为浅山区，300米以上为深山区。结合北京高程数据与传统村落空间分布进行叠加分析，北京传统村落有平原区3个，浅山区11个，深山区30个。

◆ 北京传统村落地貌类型汇总表　　　　　　　　表2-2

平原区	焦庄户村、张庄村、石窝村
浅山区	黑龙关村、苇子水村、三家店村、琉璃渠村、康陵村、茂陵村、德陵村、潮关村、河西村、令公村、西牛峪村
深山区	车耳营村、爨底下村、灵水村、黄岭西村、马栏村、沿河城村、西胡林村、碣石村、东石古岩村、千军台村、张家庄村、燕家台村、柳林水村、水峪村、南窖村、宝水村、长峪城村、万娘坟村、杨树底下村、古北口村、吉家营村、遥桥峪村、小口村、白马关村、黄峪口村、东门营村、柳沟村、南天门村、榆林堡村、岔道村

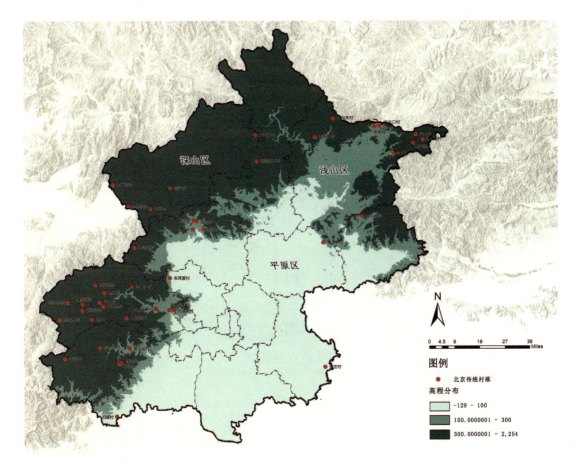

▲ 图2-8　北京市传统村落高程分布情况
（行政边界审图号：京S（2021）023号；高程数据来源：地理空间数据云ASTER GDEM 30M分辨率数字高程数据；研究团队以此为底图绘制）

天津大学张大玉在《北京古村落空间解析及应用研究》一文中对京郊传统村落的地形分布特征进行了详细的总结。其研究表明，北京地区的平原地带地势平坦，水丰土沃，宜于耕作，适于人居，故其规模相对较大，多择交通便利、易于耕种、地势平坦的旱地耕作区进行建设，在水系发达的平原地区，为了避免洪涝，村落往往沿河岸附近地势较高的地方延伸，呈带状分布。浅山地带的古村落大多是建在高山下的坡谷地带，四面环山，层峦叠嶂，植被繁茂。由于天然地貌形成的山地沟峪纵横，洪水冲积原生古黄土层，淤积成东部地带的良田沃土，为古村落农耕狩猎、植桑种麻提供了得天独厚的优越条件。深山地带古村落分布的一般规律是多依山而建，并顺山势发展，有的还选择山顶或交通要道附近进行建设。[①]总体来看，京郊保存较好的传统村落多位于深山区，其相对闭塞的交通条件使得外来经济文化的冲击较小，这是其能够完整保留的一个重要因素。依托山水而生的传统村落在生态特色、格局肌理、风貌特征上亦相对更为多变和独特，其未来的发展潜力也较大。

▲图2-9 深山区传统村落的选址特色（来源：研究团队李志新绘）

---

① 张大玉. 北京古村落空间解析及应用研究[D]. 天津大学，2014.

▲ 图2-10　深山区传统村落的格局肌理特色（来源：研究团队李志新绘）

2.2.3　空间线性分布特征

北京传统村落沿古道、长城、河流呈线性空间分布状态，各类传统村落与线性空间环境相适应，形成具有北京特色的传统村落空间格局特征。

1. 交通沿线分布特征

地处北京地区交通要道沿线上的古村落，大多为沿途的中转站或集散地而存在。这些村落最初由临时性的居住点逐渐集聚而成，并借由便利的交通及信息网络，而对该区域内传统村落的空间格局产生影响。根据形成原因的不同，可细分为驿站型、行宫型，以及服务型三种类型。具有交通沿线分布特征的传统村落主要包括爨底下村、千军台村、东石古岩村、水峪村、南窖村等。

2. 长城沿线分布特征

京郊是北京城防御的重要屏障，故从明代开始便形成了以长城为主体的军事防御体系。而在长城防御工事中，除了城墙本体外，还包括"屋里一墩、十里一堡"的敌楼、城台、烽火台、关城、城堡等军事设施。北京境内的长城自东向西主要分为三路，并分别由昌平镇、宣府镇和蓟州镇分领和管理。在这三路长城沿线上，现分布着128个具有军事功能的城堡聚

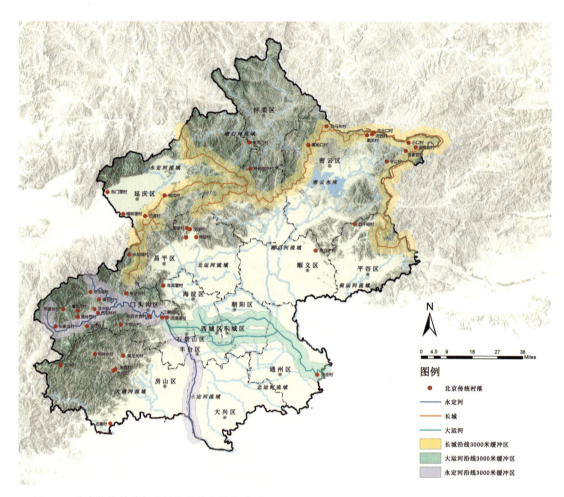

▲ 图2-11 北京传统村落与线性地物的空间关系图
（行政边界审图号：京S（2021）023号；高程数据来源：地理空间数据云ASTER GDEM 30M分辨率数字高程数据；研究团队以此为底图绘制）

落，并根据聚落规模的不同，进一步将其划分为堡寨型、军堡型以及关城型三种主要类型。具体分类如表2-3所述。

◆ 长城沿线传统村落类型汇总表　　　　　　表2-3

类型	传统村落名称
堡寨型	榆林堡村
军堡型	遥桥峪村、令公村
关城型	古北口村、潮关村、黄峪口村、白马关村、小口村、沿河城村、长峪城村、吉家营村、河西村、岔道村、柳沟村

（来源：研究团队自制）

3. 河流沿线分布特征

沿河流分布的村落一般有以下特点：第一，由于饮水灌溉的原因，近河的地区一般较为容易解决饮水问题；第二，由于地理原因，河谷中的台地是山区相对比较适于人们安居建屋的区域，一开始有少部分人口聚居于此，经过逐年的繁衍生息，逐渐形成现有的村落；第三，由于历史原因，村民们从事的生产生活离不开河流。因此，一般相较其他地区河流两岸会均匀分布很多大大小小的传统村落。具有河流沿线分布特征的传统村落主要包括三家店村、琉璃渠村、苇子水村、张家庄村、柳林水村、张庄村、杨树底下村等。

2.3 北京传统村落发展情况

2.3.1 村民经济收入水平分析

北京市统计年鉴显示2018年北京市居民家庭人均年收入62361元，农村居民家庭人均年收入26490元。但从传统村落的经济水平来看，仅有爨底下村达到了北京市的农村居民家庭人均年收入水平，仅为全市城镇居民家庭人均年收入的1/2。其他27个村均未达到北京市的农村居民家庭人均年收入水平，其中人均年收入低于1万元的村落7个，人均年收入1万至2万元的村落14个，人均年收入2万至3万元的村落6个。北京传统村落发展较为缓慢一定程度上与村落大多交通闭塞，产业结构单一等原因相关，同时也是前期城镇化和城乡二元结构背景下的乡村缺乏发展动力的结果。但在新型城镇化和乡村振兴的大战略背景下，传统村落发展亦面临着新的机遇，未来传承发展可期。

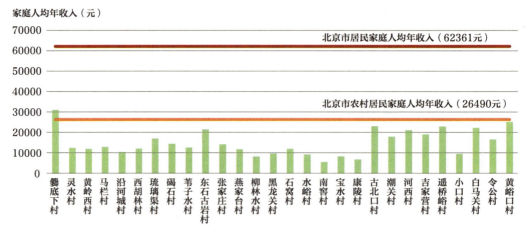

▲ 图2-12　北京传统村落人均年收入统计分析表（来源：研究团队自制）

◆ 北京传统村落人均年收入分类汇总表　　　　　　　　　　表2-4

人均年收入	村名
低于1万元	南窖村、康陵村、柳林水村、宝水村、水峪村、小口村、黑龙关村
1万至2万元	沿河城村、燕家台村、黄岭西村、石窝村、西胡林村、灵水村、苇子水村、马栏村、张家庄村、碣石村、令公村、琉璃渠村、潮关村、吉家营村
2万至3万元	河西村、东石古岩村、白马关村、遥桥峪村、古北口村、黄峪口村
高于3万元	爨底下村

（数据来源：《2019年北京市统计年鉴》）

2.3.2　村集体经济与产业分析

1. 总体经济发展水平

北京市传统村落的经济发展数据较难统计，研究针对17个可获得经济数据的村落进行分析。村集体年收入以100万元以内居多，琉璃渠村依托自身数百年传承的烧制皇家琉璃产业，在所有传统村落集体产业收入中位居第一，其他多数村庄仍以农业为主，少量村庄发展旅游业，但仍处于初期阶段。

2. 分区传统村落发展概况

（1）房山区传统村落

房山区有传统村落6个，均位于山区。现状产业多以生态农业、林果业、农家乐及古村

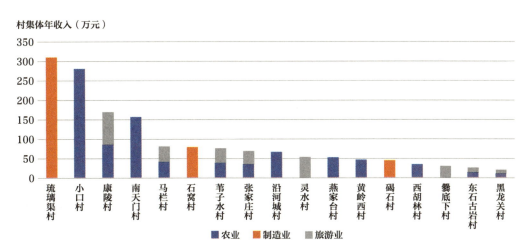

▲ 图2-13 北京市传统村落产业分析图

落旅游等一、三产业结合发展为主。整体区域内交通相对不发达，受交通条件制约，旅游开发程度较低，经济发展较落后。

◆ 房山区传统村落概况　　　　　　　　表2-5

村庄名称	距城区距离（km）	交通	村域面积（km²）	产业	特点
柳林水村	56	距108国道8km	11.7	种植业、旅游业，与金鸡台村联合开发圣莲山旅游风景度假区	—
黑龙关村	34	紧邻108国道	7.02	种植业、旅游业（环境优美，五古长寿乡）	—
石窝村	67	距京昆高速7km	—	石作文化，国家级石雕产业特色小镇	商贸集市
水峪村	50	距108国道10km	10	自然生态农业、林果业，万米水库，水利工程完善	—
南窖村	49	距108国道9km	9.53	原为煤炭产业，经济转型以农业生产经营为主	军事重地
宝水村	141	距108国道600m	6.85	种植业、养殖业、采煤业，临近白草畔风景名胜区	—

（来源：研究团队自制）

(2) 昌平区

昌平区自古为军事重镇,也是北京的北大门,因此区域内分布的传统村落多由古时军事防卫、行宫等发展而来。昌平区有传统村落5个,其中万娘坟村、德陵村、康陵村、茂陵村都与皇族陵寝相关,属于守陵村。长峪城村为明长城的重要组成部分,属于关城型村落。独具特色的陵寝及长城文化为旅游业发展提供基础,保留下来的传统村落都具有自己独特的产业业态。

◆ 昌平区传统村落概况　　　表2-6

村庄名称	距城区距离（km）	交通	村域面积（km²）	产业	特点
长峪城村	48	距京礼高速30km	18.5	绿色农业、民俗旅游业	军事重地
万娘坟村	9	距京新高速4km	1.9	旅游型	陵神宫监
德陵村	10	距京新高速8km	2.8	农业型	陵神宫监
康陵村	15	距京新高速10km	1.7	林果业、民俗旅游业	陵神宫监
茂陵村	13	距京新高速9km	—	商贸型	陵神宫监

(来源：研究团队自制)

(3) 门头沟区

门头沟区拥有传统村落14个,位居北京市各区县之首。其中12个村落处于西部山区,位于北京市生态涵养区,自然生态环境优越,传统村落多以农林业、民俗旅游等为主导产业。此外,琉璃渠村和三家店村属于近郊范围,距离国道和城市快速路都较近,交通条件突出,未来有较好的发展前景。

◆ 门头沟区传统村落概况　　　表2-7

村庄名称	距城区距离（km）	交通	村域面积（km²）	产业	特点
爨底下村	66	距109国道6km	5.33	民俗旅游业	军事重地
灵水村	55	距109国道5km	—	原以煤炭业为主,现为文化遗产旅游业	—

续表

村庄名称	距城区距离（km）	交通	村域面积（km²）	产业	特点
黄岭西村	65	距109国道4km	9.74	原以采煤业为主，现为农业	—
马栏村	65	距109国道6km	16.34	原以种植业、养殖业、煤炭业为主，现为种植业、养殖业	军事重地
沿河城村	71	距109国道14km	81.2	种植业	军事重地
西胡林村	55	距109国道500m	12.2	种植业、养殖业，临近通州峪景区	—
琉璃渠村	4	距西六环3km	3.5	琉璃制造业	商贸集市
三家店村	3	紧邻西六环	3	农业	商贸集市
碣石村	54	距109国道9km	12.56	林业	—
苇子水村	41	距109国道5km	9.76	林业+民俗旅游业	—
东石古岩村	19	距109国道4km	54.2	种植业、旅游业	—
千军台村	41	距109国道26km	—	农业	商贸集市
张家庄村	97	紧邻109国道	6.6	种植业、养殖业	军事重地
燕家台村	78	距109国道9km	8	种植业，北临自然保护区黄草梁、东北方向是著名游览区东龙门涧	—

（来源：研究团队自制）

（4）密云区

密云区9个传统村落大多处于东北部浅山区，由于密云区承担北京重要的水库生态涵养功能，因此区域内水系丰富，自然条件较好，适合农业发展，农业特产类型丰富。

◆ 密云区传统村落概况　　　　　　　　　　　　　　表2-8

村庄名称	距城区距离（km）	交通	村域面积（km²）	产业	特点
古北口村	108	距大广高速8km	11.33	旅游型	军事重地、商贸集市
潮关村	104	距大广高速10km	—	农业型	—
河西村	108	距大广高速8km	6	旅游型	军事重地
吉家营村	110	距大广高速5km	—	农业型	军事重地
遥桥峪村	117	距大广高速10km	8	旅游型	军事重地
小口村	115	距大广高速6km	—	农业型	—
白马关村	101	距大广高速26km	—	农业型	—
令公村	103	距大广高速3km	6.7	农业型	军事重地
黄峪口村	87	距大广高速29km	12	农业型	—

（来源：研究团队自制）

（5）延庆区

延庆区北、东、南三面环山，西临官厅水库的延怀盆地，位于盆地东部，全境平均海拔500米左右，地处永定河、潮白河水系上游，区域内有5个传统村落，多分布于八达岭长城周边。

◆ 延庆区传统村落概况　　　　　　　　　　　　　　表2-9

村庄名称	距城区距离（km）	交通	村域面积（km²）	产业	特点
东门营村	80	距京新高速1km	6.7	农业型+旅游型	军事重地
柳沟村	66	距京新高速4km	—	旅游型	军事重地
南天门村	84	距京新高速42km	3.7	农业型	—

续表

村庄名称	距城区距离（km）	交通	村域面积（km²）	产业	特点
榆林堡村	67	距京藏高速1.4km	9.9	农业型	驿站
岔道村	62	紧邻京藏高速	11.4	旅游型	军事重地

（来源：研究团队自制）

总体来看，北京市传统村落的经济发展较为不足，集体产业较弱，产业结构单一薄弱。大部分依然以种植业为主，部分古村依托景区发展，但主要以一般旅游服务为主，尚缺乏基于自身历史文化资源的深度开发利用。部分传统手工业如琉璃制造、石雕石作等面临较大发展困境。亟待探寻传承利用的适宜路径，突破古村文化品牌弱、产业特色不鲜明的关键问题。

Chapter 3
第 3 章

基于大数据的北京传统村落传承利用评估

◀ 北京市门头沟区斋堂镇黄岭西村

本章依托马蜂窝旅行网、携程旅行网、百度指数三个数据平台，通过数据分析和综合评价，对村落整体评价、游客印象感知和村庄知名度三方面进行分析，研究北京传统村落感知画像。

3.1 大数据下的北京传统村落感知画像

本章的数据来源主要包括马蜂窝点评和游记数据、携程点评数据、百度指数近十年的趋势数据。通过数据处理共得到881条点评数据、1474条游记数据、传统村落的百度指数数据，爬取马蜂窝点评数据、携程点评数据、马蜂窝游记数据共计343.08万字。其中，在马蜂窝平台上，收集了244条蜂评和1474条游记数据；在携程平台上，收集了637条点评。

3.1.1 村落整体评价分析

1. 总体感知评价分析

根据搜集数据情况，44个北京传统村落中有17个传统村落关键词列入马蜂窝、携程点评范围。村落游客感知的整体评价依据评价优劣及整体评分两个指标开展评价。其中柳沟村、琉璃渠村的感知评分较高，点评条数较多。爨底下村、灵水村有效点评条数最多，整体总评价中性，评分分别为4.4分、4.2分。

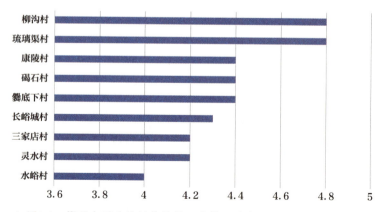

▲ 图3-1 携程官网传统村落总体评分情况（来源：研究团队自制）

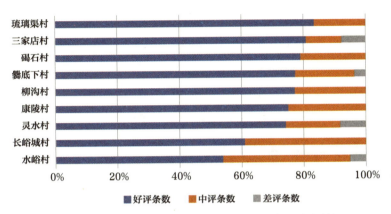

▲ 图3-2　马蜂窝网传统村落点评情况（来源：研究团队自制）

部分村落总体评分与好评比例都相对较低，需进一步寻找原因。经过点评数据筛选分析，对爨底下村、灵水村、琉璃渠村、长峪城村、康陵村、柳沟村的差评原因进行总结分析，主要存在以下问题：

爨底下村、琉璃渠村、三家店村、碣石村、水峪村等，食宿多以村民单户民宿形式存在，但民宿以农家乐模式居多，整体品质有待提升。在住宿接待设施、公共卫生、餐饮品类上的游客满意度不高。基础设施的不完善是这几个乡村旅游的主要"痛点"。灵水村、长峪城村、康陵村、柳沟村等目前多以观光游览旅游为主，同时可以进行特色农产品的采摘活动，以此带动都市现代农业的发展。但村落本身的文化价值尚待深度挖掘，形成更具文化体验互动性的旅游品类、更具影响力的旅游品牌。

整体来看，京郊的传统村落多开展以自然风光、历史古迹为主的观光旅游项目，旅游产业链缺乏中高端餐饮住宿等旅游配套服务产品的延伸，其单一性较难满足游客的中高端、多样化需求。

2. 传统村落搜索指数分析

传统村落知名度是反映村落历史文化资源稀缺性和旅游发展水平的重要指标，百度指数中整体日均值和移动日均值表征网络关键词搜索的次数，可以客观反映传统村落的知名度情况。因此，研究搜索历史文化价值较高的传统村落（第一、二、三批中国历史文化名村）名称进行汇总分析，搜索到关键词的传统村落共24个，福建、广东各4个，山西3个，北京、江西、河北、安徽各2个，四川、湖南、陕西、内蒙古、云南各1个。

通过比较分析，24个传统村落知名度水平差距较大，排在前三位的分别为安徽省黄山市黟县宏村镇宏村、北京市门头沟区斋堂镇爨底下村、安徽省黄山市黟县西递镇西递村，宏村

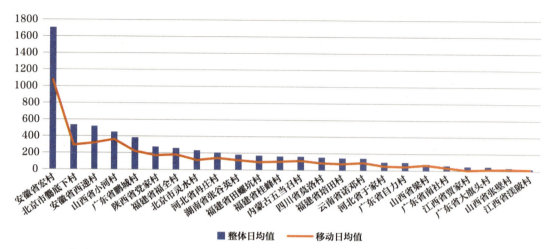

▲ 图3-3 传统村落知名度相关数据分析情况（来源：研究团队自制）

的整体日均值1706，爨底下村整体日均值为536。说明京郊传统村落的排名相对靠前，但知名度相对较低。同时，大部分京郊传统村落尚未被收录进百度指数，说明整体的搜索需求和影响力相对较小。

3.1.2　村落旅游淡旺季分析

北京传统村落旅游旺季分析以点评数据发布时间为研究依据，汇总分析旅游人次最多的月份及游客较为集中的季度。经统计分析北京传统村落旅游季节性特征如下：

（1）春季旅游旺季型：琉璃渠村、柳沟村为春季游客集中型传统村落。琉璃渠村以烧制皇家琉璃闻名，其琉璃烧制技艺为国家级非物质文化遗产。柳沟村以乡村旅游为主导产业，特别是以火盆锅为核心的"豆腐宴"饮食文化独具特色。初春旅游天气依然寒冷，"豆腐宴"的需求更为旺盛。

（2）夏季旅游旺季型：三家店村、灵水村为夏季游客集中型传统村落。三家店村是京西古道第一村，历史上曾为永定河上的重要渡口和物资集散地。三家店村临近城区，交通便利，夏季旅游多为京郊短途旅游，使之成为重要旅游目的地。灵水村文化遗产丰富，是著名的"京西灵水举人村"，举人节、秋粥节、蹦蹦戏、转灯节等被列为区级非物质文化遗产，夏季高考季，祈福游客较多，立秋时节举办金榜秋粥节，村民与游客共喝"举人粥"。

（3）秋季旅游旺季型：爨底下村、碣石村、长峪城村为秋季游客集中型传统村落。爨底下村为国家AAA级景区，获得京西传统教育基地和影视基地称号。碣石村横卧于谷底，"立石为碑，卧石为碣"而得名，历史上溪涧冲刷形成碣石八景。三村均地处于深山区，秋季红枫、黄栌等多种秋季变色植物繁盛，景色优美，游客较多。

（4）四季旅游均衡型：四季均衡型传统村落为水峪村、康陵村。水峪村生态环境优越，村落格局保存完整，千年古槐、百盘石碾、杨家大院等历史文化资源保存完好，其中128盘石碾创上海吉尼斯世界纪录，成为游客旅游观光吸引点。康陵村为民俗旅游型传统村落，游客人数最多的月份为4月和8月，春季康陵村的打春牛和春饼宴极具盛名，古银杏树为"帝王树"，秋季时成为网红打卡地。

京郊传统村落旅游的季节性特征明显，在全年范围内形成旺季、平季和淡季3个旅游季

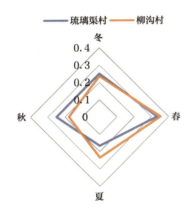

▲ 图3-4　春季游客集中型传统村落（来源：研究团队自制）

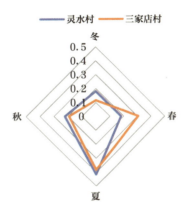

▲ 图3-5　夏季游客集中型传统村落（来源：研究团队自制）

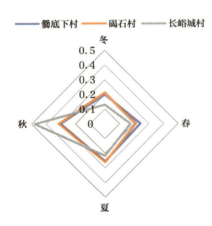

▲ 图3-6　秋季游客集中型传统村落（来源：研究团队自制）

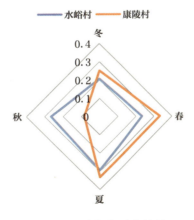

▲ 图3-7　四季均衡型传统村落（来源：研究团队自制）

注：图3-4～图3-7中的数据为词条比例，表示不同季节评论词条数量和热度

节，其中4、5月，7、8月和10月是3个旅游旺季，11月到第二年1月是旅游淡季，其余月份为平季。而影响乡村旅游季节分布的原因是多方面的，主要是受气候条件、公共假日、社会关系和节事活动等因素影响[①]。

民俗节庆活动被认为是最常用的应对季节性影响的有效策略，因此建议通过举办旅游节庆活动，激发游客的出游欲望，改善旅游淡季的经营状况。在节事举办期间可以延长游客的停留时间、提高游客的参与度和积极性，间接增加游客的旅游消费和村民的经济收益。

3.1.3 村落印象感知分析

游客印象感知通过点评和游记数据关键词提取，统计传统村落关键词和词频数，分析游客对传统村落的特色认知。通过关键词提取及语义分析，挖掘游客对村落地域文化特色、自然山水环境、主要旅游景点、餐饮住宿等方面的旅游感知印象。

人群画像情况主要反映搜索人群的年龄分布结构特征、性别分布特征、兴趣分布特征，研究通过百度指数平台2013年7月1日至2021年1月1日用户搜索关键词的相关统计数据进行对比分析，其中数据包括搜索关键词数据、全网分布数据和TGI（目标群体指数）三种统计口径。

TGI即Target Group Index（目标群体指数），可反映目标群体在特定研究范围（如地理区域、人口统计领域、媒体受众、产品消费者）内的强势或弱势程度。TGI指数=（目标群体中具有某一特征的群体所占比例/总体中具有相同特征的群体所占比例）×标准数100%。TGI指数表征不同特征用户关注问题的差异情况，其中TGI指数等于100%表示平均水平，高于100%代表该类用户对某类问题的关注程度高于整体水平。

1. 爨底下村

在游客评价词频分析中，爨底下村的核心词为"一线天""四合院""古建筑群""历史""投名状""商业化"等描绘建筑特色的关键词，重点刻画了村落依山而建、四合院建筑保存完整的形象。爨底下村现保存着500间70余套明清时代的四合院民居，是我国保留比较完整的山村古建筑群，是AAA级旅游景区，游客关注度较高，点评和游记数量很多。同时，自然景点一线天成为游客的重要打卡地。著名电影《投名状》在此拍摄，也给古村带来了新的旅游IP植入，扩大了影响力。同时也存在过度商业化的问题，大部分院子都被改造成了农家乐、住宿、商店等，商业化较为普遍。

---

① 马世罕，戴林琳，吴必虎. 北京郊区乡村旅游季节性特征及其影响因素[J]. 地理科学进展，2012，31（06）：817-824.

旅游客群地域分布以北京、天津、廊坊、保定为主的华北地区，以上海为核心的华东地区及以成都为核心的西南地区。在搜索爨底下村的整体兴趣分布中，休闲爱好兴趣的关注度相对较高，TGI指数为124.23%，反映出爨底下游客的旅游目的以休闲为主，主要兴趣为美术、摄影等，同时游客对景点体验、远途出行方式及酒店的关注较高。爨底下村可结合人群需求补充和完善旅游产品体系。

爨底下村游客以青年群体为主，同时相较于全网搜索情况，30～39岁、50岁及以上搜索人群TGI指数也大于100%，反映出这两个年龄段对爨底下村的关注程度较整体水平要高，是潜在的旅游客群，因此应该根据目标客群的消费习惯与旅游需求对旅游服务设施的类型和档次水平进行完善，满足多元化需求，如结合老年群体的时间优势，提供淡季旅游优惠，降低成本，增加竞争力。

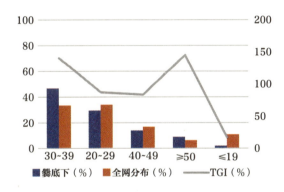

▲ 图3-8 爨底下村搜索人群年龄分布情况（来源：研究团队自制）

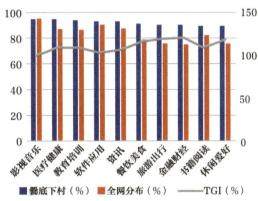

▲ 图3-9 爨底下村搜索整体兴趣分布情况（来源：研究团队自制）

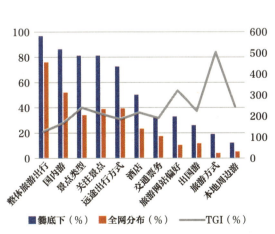

▲ 图3-10 爨底下村搜索人群旅游出行兴趣分布情况（来源：研究团队自制）

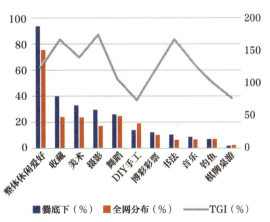

▲ 图3-11 爨底下村搜索人群休闲爱好兴趣分布情况（来源：研究团队自制）

2. 灵水村

灵水村的词频分析中，核心词既有"举人村""灵泉禅寺""柏抱桑""南海火龙王庙"等文化地标，也有对"水饭粥""炸油香"等特色美食民俗的高频关注。首先，"举人村"的名称在点评和游记中出现的频率最高，是灵水村最核心的文化认知品牌。该村历史悠久、文化发达，明清时期，村内先后出了进士、举人、监生多名，因此被称为"举人村"。其次，游客比较关注的是灵水村的文化地标元素，灵水村四周群山环绕，风光秀美，有东岭石人、北山翠柏、柏抱桑榆等"灵水八景"是其另一大吸引点。村内还保存有大量的明清时期的寺庙、民居院落等建筑，整体格局和传统风貌均保存较为完好。灵水村有众多古树名木，其中北山翠柏、柏抱桑、柏抱榆等3棵，树龄均在千年以上，作为重要的历史环境要素，它们是灵水村悠久历史的见证，现有的文化品牌和文化地标大大带动了灵水村的旅游发展。

从搜索人群的整体兴趣分布看，游客对灵水村观光出行和餐饮美食两个方面的关注度都相对较高，TGI指数分别为131.97%、123.38%。同时，客群对酒店住宿的关注度也较高，与《爸爸去哪儿》的拍摄相关度大，"蜘蛛房""山羊房"等特色拍摄地热度较高。灵水村搜索人群年龄主要集中于20～29岁及30～39岁两个年龄段，20～29岁、≥50岁的人群TGI指数大于100%，反映出这两个年龄段对灵水村的关注程度较整体水平要高。旅游客群地域分布以北京、天津、廊坊、保定、石家庄等华北地区为主，以上海为核心的华东地区及以泉州、广州为核心的华南地区为辅。

综合来看，灵水村关注人群以青年为主，并形成"文化IP+人文景观+特色民宿"为主的核心吸引点。因此，可结合游客承载力及历史文化资源保护与设施配置情况，进一步强化突

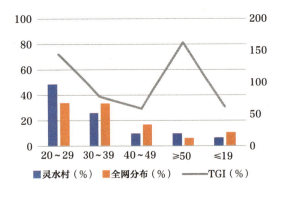

▲ 图3-12　灵水村搜索人群年龄分布情况（来源：研究团队自制）

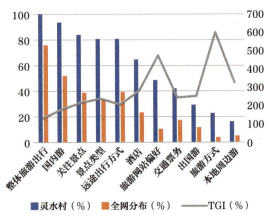

▲ 图3-13　灵水村搜索人群旅游出行兴趣分布情况（来源：研究团队自制）

出举人文化，对现状自行开设的农家乐提档升级，结合综艺IP打造特色体验民俗，并补充公厕、医疗等服务设施，提升旅游服务水平，扩大游客覆盖区域。

3. 车耳营村

车耳营村的点评与游记中，核心词为"凤凰岭""西山""妙峰山""凉水背""阳台山""萝卜地"等。说明游客对于车耳营村独特的地理区位、旅游资源和主要景点关注度较高。车耳营村是一座深藏北京西山的古村落，坐落于苏家坨镇凤凰岭景区南线，是距离北京市区最近的一个旅游民俗村，具有较好的旅游门户优势。"后花园"的词频较高，车耳营村的绿色植被覆盖率达95%以上，拥有千亩杏花园，生态景观较好。"妙峰山""凉水背""阳台山""萝卜地"等周边旅游景点在点评和游记中出现的频率也较高，车耳营村周边这些丰富的旅游资源可以串联成一条旅游环线，进而带动车耳营村的旅游产业发展。

4. 康陵村

康陵村的点评与游记中，核心词为"春饼宴""打春牛""四合院""陵监村""十三陵""城门"等，说明游客更加关注的是康陵村的民俗活动、名胜古迹、历史文化等方面。康陵村村西是明十三陵之一的康陵官，全村村民全部居住在古老的康陵监墙内，祾恩门、棂星门等古建筑特色突出，具有较强的旅游吸引力。但从旅游词频热度来看，"康陵正德春饼宴"这一民俗饮食产品是旅游的核心吸引品牌，春饼宴是来到康陵村必尝的美食。结合传统文化和古建筑风貌，同时提升品牌美食、特色民宿等服务体验，将是该村传承发展的重要方向。

5. 黄岭西村

黄岭西的点评与游记中，核心词为"长城""古北口""敌楼"。游客对于黄岭西村的关注点集中在文物古迹上。黄岭西村为典型的山地村落，整体格局清晰，村内尚存众多清代及民国时期的民居院落100余处，风貌古朴。菩萨庙、龙王庙和清泰寺遗址犹存。除上述传统村落古建筑外，黄岭西村还有红色革命传统，是抗战模范村。在抗日战争时期曾出过"黄岭西排"，今又以"红歌唱响黄岭西"成为京西旅游的亮点。周边长城、敌楼的景点也带动了该村的旅游发展。

6. 长峪城村

长峪城村的点评与游记中，核心词为"长峪城""菩萨庙""文物""古长城"等，说明去长峪城村的游客更加关注的是村落的民俗文化活动及以观光游览为主的文物古迹。长峪城村的古迹和自然景观众多，具有纯生态的旅游资源，龙潭沟景区、黄花坡风景区及燕长城景观区等自然生态景区、景观为这里创造了纯天然的美丽环境，形成了一个天然氧吧。"演出""社戏""灯阵""彩陶"等传统非物质文物遗产的词频热度较高，村内成立了社戏团，其影响力逐渐扩大。近年来村庄不断发展以民俗、生态、古村落、古长城等为背景的乡村旅游产业，并通过各种渠道加大对外宣传，打造旅游品牌，在激烈的旅游业竞争中，抢占了一定客源。

▲ 图3-14　爨底下村游客感知画像（来源：研究团队自绘）

▲ 图3-15　车耳营村游客感知画像（来源：研究团队自绘）

▲ 图3-16　康陵村游客感知画像（来源：研究团队自绘）

▲ 图3-17　黄岭西村游客感知画像（来源：研究团队自绘）

▲ 图3-18　灵水村游客感知画像（来源：研究团队自绘）

▲ 图3-19　长峪城村游客感知画像（来源：研究团队自绘）

3.2 人流POI数据下的传统村落活力分析

从长期稳定生产生活吸引力和游客吸引力两个方面对传统村落活力进行分析，判断传统村落原住民生活传承情况及历史文化资源活化利用情况。研究采用静态的近地100米的人口数据（引用数据网址：http://www.worldpop.org/）和动态的时间节点人流数据，通过GIS数据汇总和空间数据分析方法，分析北京传统村落的人口迁移变化情况、旅游活力情况、游客体验深度情况和设施服务供给情况，分析传统村落传承利用发展现状，归纳北京传统村落活化程度的规律，为传统村落传承发展方向的研判提供数据支撑。

3.2.1 人口吸引力分析

人口吸引力指北京传统村落维持原住民持续居住生活和吸引外来人口长期定居的能力。研究采用Worldpop官网提供的近地100米人口数据及北京市各辖区统计年鉴中的人口数据，分析北京传统村落的人口迁移变化情况和人口空间分布变化情况。由于部分传统村落在统计年鉴中缺少连续的人口统计数据，因此研究结合近地100米人口数据的核密度差值结果，进行补充分析。

依据近五年（2015~2019年）村落人口年平均增长率综合判断村落的人口吸引力。由于数据采用Worldpop官网近地100米人口数据，包含了旅游人口等，因此人口波动幅度较大。通过统计分析，将年平均增长率大于1%的村落划分为人口增长型村落、年平均增长率在-5%~1%的村落划分为人口稳定型村落、年平均增长率小于-5%的村落划分为衰减型村落。

1. 增长型传统村落

经比较分析，北京增长型传统村落有7个，分别是琉璃渠村、东石古岩村、岔道村、遥桥峪村、苇子水村、东门营村、碣石村，主要为生态资源及文化旅游资源较好的传统村落。增长型传统村落生态环境良好，医教文体等公共服务设施相对较为完善，居住环境满足现代化需求，村民及外来人口吸引力较大。部分村落承担近郊职住功能，同时产业可持续性发展较好。例如，门头沟区琉璃渠村将生态资源和文化资源有机结合，提升其文化内涵，一方面推进农业观光园建设，另一方面深入挖掘该村历史文化资源，加速传统村落的恢复，有利于打造既有生态特色又极具该村民俗特色的民俗生态旅游业；同时着力打造节庆会展旅游品牌，依托"中国历史文化名村""琉璃之乡"等优势，成功举办了三届"中国琉璃文化节"，成为该村旅游业的一大亮点，拉动了旅游业的发展。经济的快速增长吸引了更多人返村创业，推动了村庄人口的增长。

2. 稳定型传统村落

北京稳定型传统村落11个，包括榆林堡村、柳沟村、焦庄户村、南天门村、黄峪口村、三家店村、马栏村、沿河城村、燕家台村、古北口村、爨底下村等。主要分布于门头沟区、延庆区等产业发展结构稳定，人居环境水平较好的区域。稳定型传统村落具有一定的产业发展基础，服务设施基本能够满足居民需求，近五年人口处于稳定波动状态，人口规模总体变化较小。例如，岔道村位于八达岭长城脚下，历史文化资源丰富。2002年各级政府投资开展古城复建工程，并完善村落内道路交通等基础设施，整治沿街建筑风貌，修缮后用于古玩、丝绸、客栈等经营活动。旅游产业发展运营由岔道村村委会与岔道村经济合作社共同组织，采用村内居民共同参与的形式，因此80%的村民从事二、三产业，稳定的经济收入与旅游就业机会在一定程度上维持了村庄人口的稳定发展。

3. 衰减型传统村落

北京衰减型传统村落有10个，包括令公村、白马关村、河西村、黄岭西村、西胡林村、小口村、潮关村、灵水村、吉家营村、张家庄村等。村落人口衰减受多方面因素的影响，部分衰减型传统村落产业发展受资源和地形地貌限制，村落配套服务设施匮乏，村民收入方式较为单一。例如，2018年南天门村常住人口98人，位于河谷阶地上，产业经济以粮食、水果作物种植为主。90%以上的村民都以种植业为主要的经济来源，受产业用地规模限制，产业增值幅度较低，收入经济来源单一，村内设施配置亦不完善。同时也存在部分传统村落由于商业化发展，村民经济收入水平较高，村庄内部分村民迁居城区居住的现象。

3.2.2 游客活力分析

1. 旅游活力综合分析

旅游活力指数是指传统村落旅游热度情况，假设京郊传统村落主要以周末旅游为主要旅游方式，通过多个时间断面的人流数量对比，分析游客规模变化及空间分布情况。研究采用

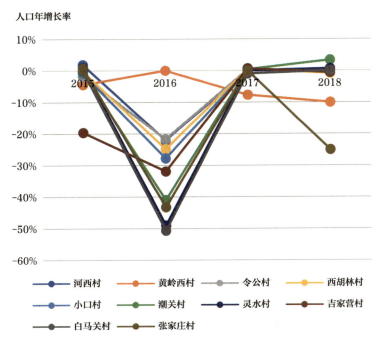

▲ 图3-20　人口衰减型传统村落2014~2018年常住人口统计情况
（来源：研究团队自绘）

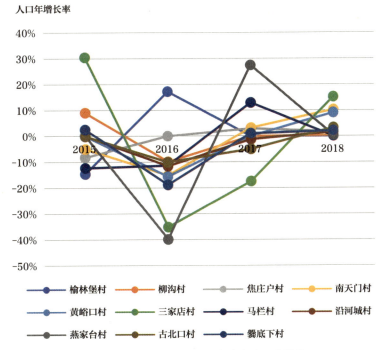

▲ 图3-21　人口稳定型传统村落2014~2018年常住人口统计情况
（来源：研究团队自绘）

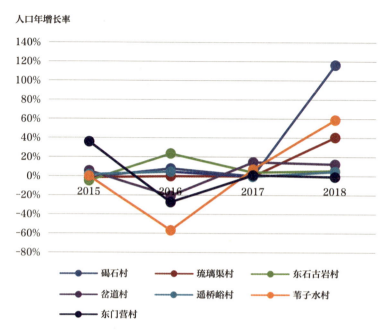

▲ 图3-22 人口增加型传统村落2014~2018年常住人口统计情况（来源：研究团队自绘）

注：部分传统村落数据缺失，共有28个传统村落纳入人口分析。

核密度分析方法，分析北京各传统村落2000米缓冲半径内，两个时间点2019年9月19日（工作日）与2019年9月22日（周日），多个时间断面（早、中、晚）人流分布核密度差值，判断传统村落周末游客分布情况。同时研究通过北京传统村落2000米缓冲半径内人流统计数据分析，判断传统村落游客数量的变化情况。通过空间分布及统计数据对比分析，评估传统村落旅游活力。

2. 周末旅游活力指数分析

北京传统村落传承利用多以京郊周末游为主，通过周末14点与工作日15点人口数据（热力指数相减）对比，分析周末传统村落人口增量情况，考察传统村落周末旅游吸引力。

北京传统村落周末旅游热度情况呈现明显的梯度特征，游客数量每梯度之间的变化情况较大。根据人流统计数据及空间核密度差值结果，将北京传统村落活力指数划分为旅游一级热点村、旅游二级热点村、旅游三级热点村、旅游热度一般村。

对比分析发现延庆八达岭镇岔道村，昌平十三陵德陵村、万娘坟村、茂陵村、康陵村，门头沟龙泉镇三家店村、琉璃渠村等7个传统村落百度位置数据统计周末人口瞬时流量在1000人以上，周末旅游经济明显，属于旅游一级热点村落。岔道村位于八达岭长城脚下，

70%的村民都从事了旅游服务。十三陵德陵村、万娘坟村、茂陵村、康陵村均位于十三陵景区周边，景区带动效应较强。同时各村文化资源亦较为突出，德陵村的"大明古堡"、万娘坟村的万贵妃陵、康陵村春饼宴等文化旅游品牌均具有较强的知名度。门头沟龙泉镇三家店村、琉璃渠村靠近城区，旅游区位优势凸显。

延庆井庄镇柳沟村、张山营镇东门营村，房山佛子庄乡黑龙关村，通州漷县镇张庄村、门头沟区王平镇东石古岩村、斋堂镇西胡林村，海淀区苏家坨车耳营村，顺义龙湾屯镇焦庄户村等8个传统村落百度位置数据统计周末人口瞬时流量在500~1000人，周末旅游热度较强，属于旅游二级热点村落。柳沟村的乡村旅游已经成了村庄的主导产业，开发的"凤凰城—火盆锅—豆腐宴"已成为京郊知名的民俗游品牌。东门营村靠近古崖居景点，有近千亩果园供游客采摘。车耳营村位于凤凰岭景区南线，也是国家森林乡村，依托自然与人文景观，开发农业资源，不断推进民俗旅游发展。焦庄户村以"地道战遗址"为核心旅游IP，目前成为全国乡村旅游重点村，旅游配套也相对完善，能同时接待1000人住宿、2500人就餐。

柳林水村、灵水村、长峪城村、宝水村、令公村、小口村、苇子水村、爨底下村、石窝村9个村百度位置数据统计周末人口瞬时流量在100~500人，具有一定的周末游热度，属于旅游三级热点村落。结合上一节的旅游热度分析发现，爨底下村、灵水村等旅游搜索热度远高于其他村庄，与周末游热度并不完全对应，研究认为主要原因是村庄多位于远郊，周末游较为不便，旅游热度相对较低，但部分村落的旅游品牌影响较大，外地游客较多，偏向节假日旅游。

其余20个村落属于旅游热度一般村，多位于北京市远郊，周末游客数量较少，活化利用度较低。

3. 旅游热点布局分析

从人流核密度差值分析结果与传统村落空间分布研究发现，村落旅游呈现"单核旅游""双核旅游"等多种布局形态。

综合来看，万娘坟村、康陵村、茂陵村、柳沟村、车耳营村、柳林水村、长峪城村等休息日与工作日的人流呈组团状高密度聚集分布，多以一个强旅游吸引点为核心向外扩散形成单核旅游发展形态。例如万娘坟村以万贵妃墓为核心，康陵村、茂陵村分别以康陵景区和茂陵景区为核心；柳沟村的核心旅游活动都集中在约50公顷的柳沟民俗旅游度假区内；长峪城村的核心旅游活动聚集在古城和古庙片区；车耳营村和柳林水村分别以凤凰山景区和圣莲山风景区南门为核心，但自身村落旅游吸引力逐渐增强，有向多核发展的趋势。

岔道村、三家店村、琉璃渠村、德陵村、黑龙关村、张庄村、东石古岩村、西胡林村、东

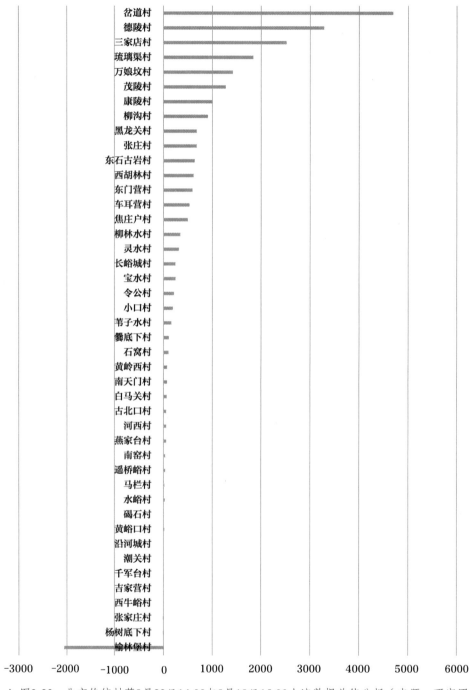

▲ 图3-23 北京传统村落9月22日14:00与9月19日15:00人流数据差值分析（来源：研究团队自绘）

门营村、焦庄户村、灵水村、爨底下村、宝水村等形成两个或多个旅游聚合点，呈现多核旅游形态。岔道村紧邻八达岭长城景区，与景区融合发展形成全域旅游格局；三家店、琉璃渠与门头沟城区呈融合发展态势。德陵村紧邻德陵景区，与景区协同发展；黑龙关村、东石古岩村均临近乡镇建成区，与乡镇区协同发展；张庄村处于平原地区与周边村庄临接，协同发展效应显现；西胡林村与灵水村相距2.5公里，形成联合发展之势；东门营村沿高速与国道，与东侧生态度假区形成旅游功能互补格局；焦庄户村临近镇区，传统村落与周边地道战纪念林、国家登山步道、百亩采摘园等形成多个旅游发展核心；爨底下村的古村片区与南侧金蟾山等形成"古村旅游+登山游憩"的"双核"旅游序列。宝水村临近野三坡景区，周边村落旅游服务业态较为成熟，沿国道与红色旅游村堂上村、蒲洼乡花台景区等形成带状旅游格局。

4. 游客短时变化情况

游客短时变化情况是指村落游客参与阶段各时间节点人流量的动态变化情况，分析各传统村落游客动态变化规律特征。通过人口高峰时间点对比（上午9点数据减去15点数据），进一步研究人口增量的旅游逗留时间，考察传统村落传承开发产品的旅游吸引力。50%的北京传统村落在9:00～13:00游客数量处于增加状态，90.91%的传统村落在13:00～21:00游客数量处于减少状态，说明传统村落旅游以短时一日游为主，且整体停留时间较短。具体分析情况如下：

通过2019年9月19日9:00、15:00、21:00各时间节点的人流数量比较分析，判断游客当日15:00与9:00及21:00与15:00的数量变化情况。通过比较分析发现50%的传统村落下午人数持续增加，如榆林堡村、德陵村、焦庄户村、西胡林村、茂陵村、万娘坟村等传统村落人流增加数量在100人以上。与下午15:00相比，19日21:00 90.91%的传统村落人流数量均在减少，令公村、西胡林村、碣石村、黄峪口村、苇子水村、黑龙关村、岔道村、南天门村、黄岭西村等9个传统村落与15:00相比减少人数占比超过50%。三家店村、琉璃渠村2个传统村落21:00人流量持续增加，主要原因是其区位靠近门头沟区中心，承载了较多的租住功能。

综合来看，京郊传统村落的综合活力相对不足，人口吸引力尚弱，但旅游发展活力正在逐步提升。从人口吸引力来看，仅有约1/4的京郊传统村落处于人口明显增长状态，35%的京郊传统村落人口年均衰减速率在5%以上，如何发挥自身优势，提升自身吸引力，促进更多村民、青年与城市居民返乡创业、居住、休闲度假是京郊传统村落必须面对的核心问题。从游客活力来看，有35%的村落旅游热度较高，但大量传统村落旅游影响力尚弱，尚未充分利用自身优势。村庄京郊传统村落背靠首都旅游腹地，应该具有良好的发展前景，激活传统村落的文化活力、旅游吸引力和生态魅力是做好传承、利用的关键所在。

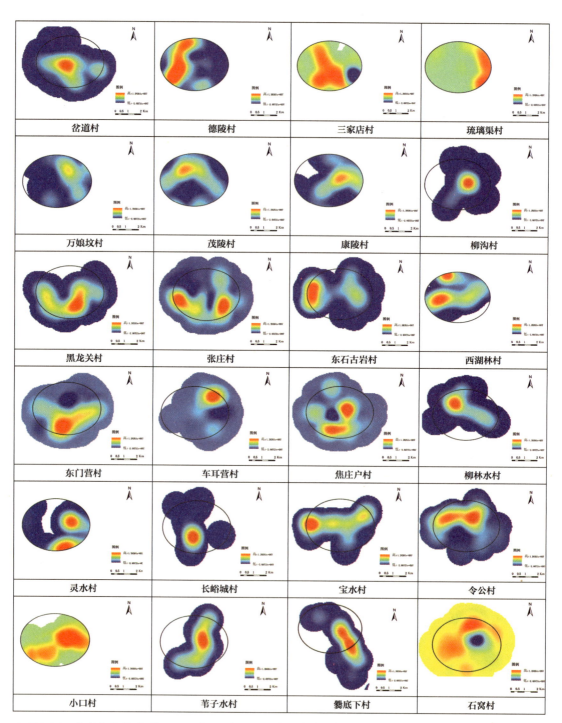

▲ 图3-24　北京传统村落9月22日14点~9月19日15点人流空间核密度差值（来源：研究团队自绘）

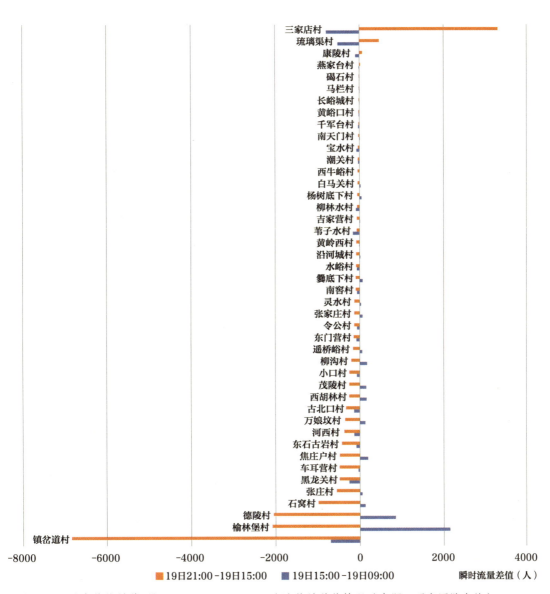

▲ 图3-25　北京传统村落9月19日9:00、15:00、21:00人流统计差值情况（来源：研究团队自绘）

3.3 设施POI数据下的传统村落功能配置评估

3.3.1 传统村落设施配置完善度分析

传统村落服务设施是满足居民衣食住行等日常生活需求的基础，良好的服务设施配置有利于村民长期稳定的居住，有利于村落活态化传承发展。设施配置完善度评估旨在通过对传统村落范围内各类服务设施的POI数据进行统计分析，客观反映设施配置类型能否满足村民多方面的生活需求，设施承载力能否达到需求标准，设施空间分布能否便捷可达。本节通过构建设施配置完善度评价指标体系，对北京44个传统村落的文化、商业和公共服务设施进行多维度的完善度评估，归纳总结传统村落设施配置的短板，提出更有针对性的保护和提升建议。

1. 指标体系构建

为了全面评估传统村落的设施配置情况，本评价体系综合考虑设施的数量、种类和布设密度，从设施服务性、设施复合性和设施便利性三个维度展开评价，通过对设施需求情况的分析，结合实际情况，将评价结果划分为五个等级，形成传统村落设施配置完善度评价指标体系表（表3-1）。运用ArcGIS空间分析工具对设施POI点进行筛选、汇总和重新分类之后，对应各个完善度等级进一步给出各村设施配置的评价结果。

◆ 传统村落设施配置完善度评价指标体系表　　　　表3-1

评价因子	指标解释	评价标准				
设施配置完善度		不完善	不太完善	一般完善	比较完善	非常完善
设施服务性	筛选范围内文化、商业、公服设施POI数量（个）	0~11	12~26	27~64	65~101	>101
设施复合性	筛选范围内文化、商业、公服设施POI类型（个）	0	1~2	3~4	5	6
设施便利性	每平方公里内文化、商业、公服设施POI数量（个）	0~1	2~4	5~6	7~8	>8

（来源：研究团队自制）

2. 设施完善度分析

设施服务性从传统村落范围内文化、商业、医疗、休闲等服务设施的数量进行分析，能够体现设施服务的完善性。通过Python编程爬取北京所有类别设施的POI数据，统一设定2km为搜索半径，搜索传统村落周边2km范围内的服务设施类别与数量，通过筛选汇总得到各传统村落公厕设施、餐饮设施、科教文化服务、购物设施、休闲住宿设施、生活服务设施、医疗保健服务设施和度假设施，共八大类设施的配置数量情况，基本覆盖村庄生产、生活、休闲住宿相关的设施配置状况。

Chapter 3
第3章 基于大数据的北京传统村落传承利用评估

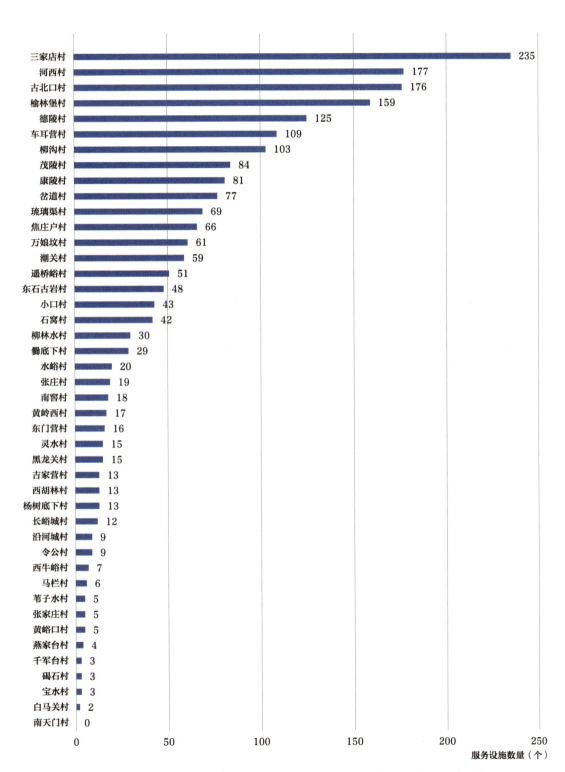

▲ 图3-26 北京传统村落范围内文化、商业、公共服务设施数量（来源：研究团队自绘）

根据统计结果，可以看出三家店村、河西村、古北口村、榆林堡村、德陵村、车耳营村、柳沟村的各类服务设施配置相对完善。总体来看，这些村落的规模相对较大，村庄户籍人口多在1000以上，因此村民生活生产服务设施相应较多。同时，多数村落依托旅游资源，形成了开发建设相对成熟的旅游服务配套体系。三家店村位置靠近中心城区，按照城市标准进行设施配套，城镇化建设程度较高；茂陵村、康陵村、岔道村、琉璃渠村、焦庄户村、万娘坟村、潮关村、遥桥峪村的服务设施亦较多，旅游设施的配置成熟度较高，大多数村落以景区旅游服务为主，推动相关服务设施的配置不断完善；另一方面，有13个传统村落的可搜索服务设施数量不到10个，这些村落的文化、商业和公服设施配置较为不足，应进行重点提升。此类村落多处于山区，村落本身的规模相对较小，村庄空心化现象较为普遍，旅游人次相对较少，导致村庄的服务设施配置需求也相对较小。

设施复合性从设施配置的种类数量进行分析，判断设施配置的多样性。综合来看，京郊传统村落整体的文化、商业和公服设施类别配置处于中上水平，绝大多数村落都有3类以上的服务设施。尤其是琉璃渠村、三家店村、东石古岩村、黑龙关村、石窝村、焦庄户村、德陵村、小口村和榆林堡村等设施配置较为齐全，此外也存在设施类别配置较单一的村落，南天门村、白马关村和燕家台村可搜索到的设施均较少。

通过对各村的八类设施进行分类及数量汇总，可以反映出各村设施的配置结构。村庄公厕设施、餐饮设施和休闲住宿设施等满足旅游基本吃住服务的设施配置度较高，在村落中的配置率均在80%以上。

设施类型上，餐饮设施多以民俗饭庄、农家餐厅、特色小吃为主，休闲住宿设施多为农家院、农家旅店、采摘园、垂钓园等；购物服务设施以中小型超市为主，但在村落中的配置率相对较低，约为34%，此类设施需要持续聚集的人流量支撑；科教文化设施以中小学为主，配置率约为70%，也存在由于部分村落的空心化导致村庄小学逐渐撤出的现象；生活服务设施多以理发店、维修点、五金、摄影冲印等为主，此类设施以服务本地村民为主，但由于常住人口规模不足，配置率约为40%；医疗设施多以村卫生院为主，配置率约为60%，对于发展旅游的村落来说配备医疗卫生设施较为必要；度假服务设施，多以度假山庄、采摘庄园、房车营地、谷地度假村等业态存在，在村落中配置较少，但对于提升村庄整体的旅游服务品质具有较大的支撑作用。总体来看，各传统村落在考虑旅游产业发展的同时，应注重村民生活品质的提升，完善图书室、村卫生院、诊所、商超等文化、医疗、购物生活服务设施，解决村民文化教育、就近就医与购物问题。同时，建议推动高端旅游服务设施的配套建设，满足首都中高端旅游的服务需求。

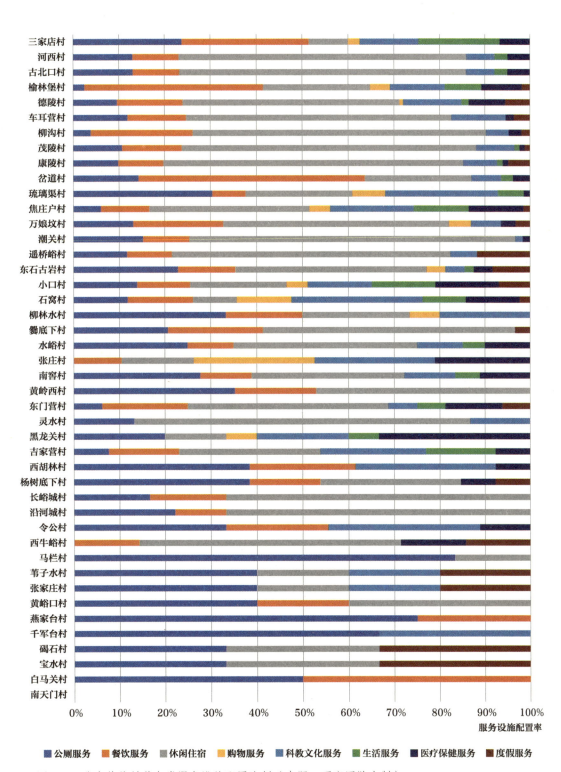

▲ 图3-27 北京传统村落各类服务设施配置比例（来源：研究团队自制）

3.3.2 传统村落公共服务便捷性分析

1. 评估指标体系构建

传统村落公共服务设施便捷性从村民和游客两个使用主体出发进行评估,根据使用主体对设施类型进行分类,包括村民服务型设施、游客友好型设施。其中村民服务设施为金融保险服务(自助提款机、银行、保险公司)、公共交通服务(公交站、长途车站)、公厕服务、购物服务(中小型超市)和医疗保健服务(医院、诊所、卫生站、药店)。游客友好型设施为餐饮服务(民俗餐厅)、休闲娱乐服务(农家乐、垂钓园、采摘园等休闲住宿场所)和高端度假服务(度假村、疗养院)。因此,从使用主体便捷性出发,选取村民服务友好性、游客服务友好性2个指标(表3-2)。

◆ 便捷性评价标准 表3-2

评价因子	指标解释	评价标准				
	公共服务便捷性	非常不便捷	不太便捷	一般便捷	比较便捷	非常便捷
公共交通服务	筛选范围内设施300m服务半径覆盖率(%)	<10	10~30	30~50	50~70	>70
公厕服务	筛选范围内设施400m服务半径覆盖率(%)	<20	20~40	40~60	60~80	>80
购物服务	筛选范围内设施800m服务半径覆盖率(%)	<10	10~20	20~40	40~60	>60
金融保险服务	筛选范围内设施700m服务半径覆盖率(%)	<10	10~20	20~40	40~60	>60
医疗养生服务	筛选范围内设施1000m服务半径覆盖率(%)	<20	20~40	40~60	60~80	>80
餐饮服务	筛选范围内设施POI数量(个)	<5	5~10	11~30	31~50	>50
休闲娱乐服务	筛选范围内设施POI数量(个)	<5	5~20	21~35	36~60	>60
高端度假服务	筛选范围内设施POI数量(个)	0	1~3	4~6	7~9	>10

(来源:研究团队自制)

评价标准根据现状调查和相关规范标准进行确定,公厕服务半径参考《城市环境卫生设施规划标准》,标准中规定"生活区周边道路公共厕所设置间距为400~600m";公共交通服务半径参考《城市道路交通规划设计规范》,要求城市公交站点覆盖率"以300m为半径计算，不得小于50%；以500m计算，不得小于90%"；其他设施服务半径均根据实地考察或文献参考确定。

2. 公共服务便捷性评估

村民友好性以村民为服务对象的公共设施服务的便捷度作为衡量标准，该分析采用公服设施服务范围覆盖村庄面积的覆盖率来分析设施便捷性。

通过对北京传统村落的村民友好型服务设施的覆盖率进行统计分析，可以看出整体的村民友好型服务覆盖率还是偏低的，多数村落多项设施覆盖率不到25%，传统村落的设施便捷性亟待提升。另外，各项设施之间，医疗服务的覆盖情况是相对最好的，便捷度排名前十的村落医疗设施覆盖率达到了73%，在德陵村、石窝村和三家店村基本达到全域覆盖水平。公交设施平均覆盖率为15%，相对较低，但对于位于京郊的传统村落，拥有一条通往市区的公共交通设施就意味着拥有较好的人流集散效应，对于发展旅游至关重要。三家店村、德陵村、河西村、岔道村等的公交设施配置水平较高。购物设施中，石窝村、张庄村、琉璃渠村由于村落规模较大，配备了较为合理的购物设施体系。金融服务设施本身就具有外向服务的性质，其配置情况能够较为明晰地说明村落的规模较大、经济需求强或者村落的旅游服务人次较多，才会催生此类设施的配置。榆林堡村、三家店村、万娘坟村、德陵村等便捷度排名

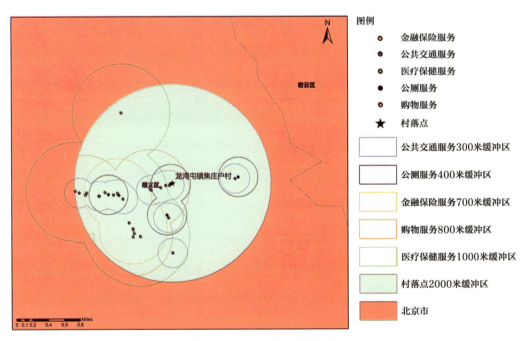

▲ 图3-28 案例：某村各设施覆盖情况（来源：研究团队自制）

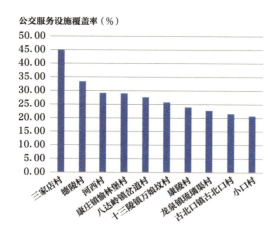

▲ 图3-29 公交服务设施便捷度前十名（来源：研究团队自绘）

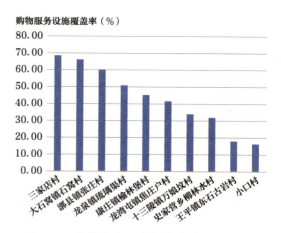

▲ 图3-30 购物服务设施便捷度前十名（来源：研究团队自绘）

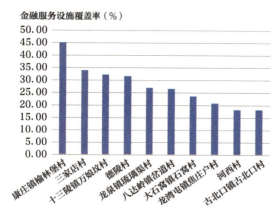

▲ 图3-31 金融服务设施便捷度前十名（来源：研究团队自绘）

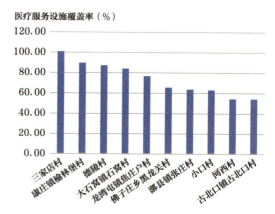

▲ 图3-32 医疗服务设施便捷度前十名（来源：研究团队自绘）

前十的村落，具有多个商业银行的设施配置，体现了这些村庄的经济和社会发展活力较强。

通过对传统村落的村民友好型服务设施、游客友好型服务设施的便捷性进行评价，将设施便捷性分为5级，根据分级情况对北京传统村落设施便捷性进行总体分析。北京传统村落的村民友好型设施与游客友好型设施的便捷性均较差，在交通、金融、公厕、高端度假等方面存在明显的短板。

（1）村民友好型设施服务便捷性评估

从整体来看，多数村落的评估结果为"非常不便捷"或"不太便捷"，且多项服务设施的便捷性评价结果未达到"非常便捷"的服务标准。因此，北京传统村落村民友好型公共服务便捷性较差，尤其是公共交通、公共厕所和金融保险等服务设施存在明显短板，需要补充短板，提升整体便捷等级。

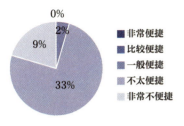
▲ 图3-33 公共交通服务便捷性评价（来源：研究团队自绘）

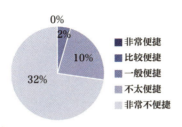
▲ 图3-34 公共厕所服务便捷性评价（来源：研究团队自绘）

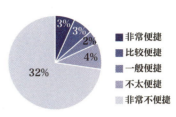
▲ 图3-35 购物设施服务便捷性评价（来源：研究团队自绘）

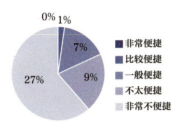
▲ 图3-36 金融保险设施服务便捷性评价（来源：研究团队自绘）

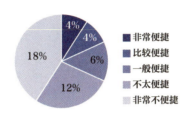
▲ 图3-37 医疗保健设施服务便捷性评价（来源：研究团队自绘）

（2）游客友好型设施服务便捷性评估

从整体来看，四分之三左右的村落评估结果为"非常不便捷"或"不太便捷"，一半以上村落的餐饮服务和高端度假服务评估结果为"非常不便捷"，且无村落的高端度假服务评价为"非常便捷"，说明传统村落的游客友好型公共服务便捷性较差，且格外缺少高端度假服务配置。

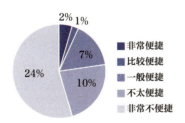
▲ 图3-38 餐饮设施服务便捷性评价（来源：研究团队自绘）

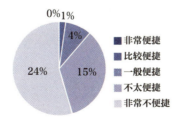
▲ 图3-39 高端度假设施服务便捷性评价（来源：研究团队自绘）

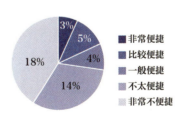
▲ 图3-40 休闲娱乐设施服务便捷性评价（来源：研究团队自绘）

3.3.3 传统村落道路交通可达性分析

交通可达性评估充分考虑游客乘坐交通工具的不同，从飞机、火车站等交通枢纽站点可达性、公共交通实时交通可达性、各级公路（自驾型）交通可达性三方面进行评价。三类交通出行方式涵盖了北京市内、周边区域及全国乃至国际范围的游客出游的到达形式，通过三类指标的综合评价客观反映交通便捷性。

1. 评估指标体系构建

评估指标体系由交通枢纽覆盖率、实时交通可达性、各级公路服务水平三个指标构成，交通枢纽覆盖率主要反映北京市外游客乘坐交通枢纽到达传统村落的可达性，实时交通可达性主要反映游客乘坐公共交通工具达到传统村落的可达性，各级公路服务水平主要反映游客以自驾形式到达传统村落的可达性，分析各级公路与北京传统村落的连接状态。

（1）交通枢纽覆盖率

交通枢纽覆盖率以北京站、北京北站、北京东站、北京南站、北京西站5个火车站及北京首都国际机场、北京大兴国际机场2个机场等重要交通枢纽为核心，分析其车行0～30分钟、31～60分钟、61～120分钟、121～180分钟、180分钟以上缓冲区范围传统村落的可达性，从交通枢纽到达传统村落的时间越短，相同时间可到达的交通枢纽数量越多，传统村落的可达性越高。[1]

（2）实时交通可达性

实时交通可达性以公共交通出行便捷度作为评价依据，研究以北京天安门为交通起点，通过百度地图实时交通，搜索到达各传统村落的时间及交通线终点公交站点到达村落的时间，同时考虑公共交通的交通时长及"最后一公里"的步行可达性。[2]

（3）各级公路交通可达性

北京各级道路对传统村落的服务能力间接可以反映出北京传统村落的交通可达性。根据交通量等级选取高速公路、一级公路、二级公路、三级公路为研究对象，研究采用ArcGIS多环缓冲分析方法分别对这四个等级的公路进行多级缓冲区分析，再叠加传统村落点，统计各级公路缓冲区覆盖到的传统村落数量。

该评价体系以四级主要交通道路为评价因子，根据实际情况，将评价结果划分为五个等级，形成传统村落道路交通可达性评价指标体系表（表3-3）。运用ArcGIS对各级道路进行多环缓冲区分析，对应各个缓冲区范围给出各村道路可达性的评价结果。

---

[1] 史英静. 中国传统村落交通可达性分析[J]. 城乡建设，2019，（20）：16-21.
[2] 张琪，谢双玉，王晓芳，等. 基于空间句法的武汉市旅游景点可达性评价[J]. 经济地理，2015，35（8）：200-208.

◆ **各级公路交通可达性评价标准** 表3-3

评价指标	评价因子	指标解释	评价标准				
			非常差	较差	一般	良好	非常好
交通可达性	高速公路服务	村落点所在的缓冲区范围	30km及以外	20km	15km	10km	5km
	一级公路服务	村落点所在的缓冲区范围	16km以外	16km	12km	8km	4km
	二级公路服务	村落点所在的缓冲区范围	12km以外	12km	9km	6km	3km
	三级公路服务	村落点所在的缓冲区范围	5km以外	5km	3km	1km	0.3km

（来源：研究团队自制）

2. 交通可达性评估

（1）交通枢纽覆盖率指标结果分析

研究通过Maplocation网站搜索重要交通枢纽的坐标点位置，采用ArcGIS缓冲分析法及标识法，分析不同时间圈层缓冲区范围内的传统村落空间分布情况，通过分析发现，半小时内交通可达的传统村落数量为0；30~60分钟交通可达的传统村落包括三家店村、琉璃渠村、车耳营村、张庄村、德陵村、万娘坟村、焦庄户村7个传统村落，同时三家店村、琉璃渠村可达的交通枢纽较多，除机场交通不便捷外，火车站点均可到达，同时焦庄户村在北京首都国际机场1小时交通范围内，方便远距离交通的游客到达；120分钟以上交通可达的传统村落包括灵水村、小口村、吉家营村、河西村、潮关村、古北口村、遥桥峪村，交通枢纽可达性较差。

综合分析，北京市传统村落交通枢纽站点可达性较好，84.09%的传统村落在2小时交通服务范围内。15.91%的传统村落在到达交通枢纽后1小时可达。因此，做好传统村落到各交通枢纽接机与接站服务，对提高传统村落旅游吸引力具有重要意义。

（2）实时交通可达性指标结果分析

通过分析发现2小时内实时交通可达的传统村落共3个，分别为琉璃渠村、三家店村、张庄村。这3个村落相对来说交通比较便捷，村庄数量占比7%。3小时出行距离的传统村落包括车耳营村、西胡林村、东石古岩村、黑龙关村、石窝村、焦庄户村、万娘坟村、德陵村、康陵村、茂陵村、榆林堡村、岔道村12个传统村落，占比27%，交通情况相对来说一般便捷。爨底下村、灵水村、黄岭西村、马栏村、沿河城村、古北口村、潮关村、河西村、吉家营村、西牛峪村、长峪城村等24个村庄都达到了4小时出行距离。这些村庄的交通情况不太便捷，但是这些村庄的数量占到了55%。大概一半以上的村庄都有交通不便的问题。除此之外，宝水村、杨树底下村、遥桥峪村、南天门村这4个乡村的出行距离达到了5小时，交通非常不便捷。总的来说，京郊的这些乡村整体交通基础设施不完善，可能与交通基础设施建设资金投入不足、结构不合理、村落区位条件较差等原因有关。

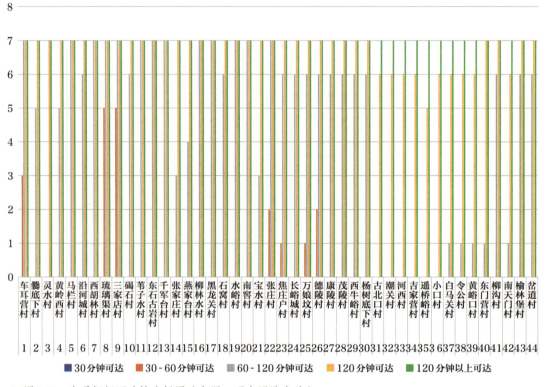

▲ 图3-41　交通枢纽可达性分析图（来源：研究团队自绘）

（3）各级公路服务可达性评估

①高速公路服务

通过对北京市高速公路进行多环缓冲区分析和对北京传统村落的区位进行统计，可以看出门头沟区和怀柔区缺少高速公路服务，这两个区的传统村落包括爨底下村、灵水村、马栏村、黄岭西村、沿河城村、张家庄村、燕家台村和南天门村，都位于高速公路30公里以外的区域，尤其门头沟区包含的传统村落数量较多。对传统村落来说，能够连通高速公路无疑是个重大的利好，市场腹地的范围可以由首都向京津冀，甚至更大的两小时交通圈延伸，为传统村落未来的传承利用带来更多可能性。

通过分析传统村落与各级道路之间的连接情况，根据评价体系中的评价标准进行道路交通可达性评估，汇总得出各级道路缓冲区覆盖的传统村落数量，结果如表3-4所示，可以看出接近一半的传统村落位于高速公路缓冲区10公里半径的范围内，其中还有四分之一位于5km的范围内，说明高速的服务能力尚可，重点服务的公路有G5、G45、G4501等。门头沟区是传统村落最为集中的片区，但门头沟传统村落的快速交通可达性较差，共有8个传统村落距离高速公路大于30公里，其中7个位于门头沟区。

Chapter 3
第3章 基于大数据的北京传统村落传承利用评估

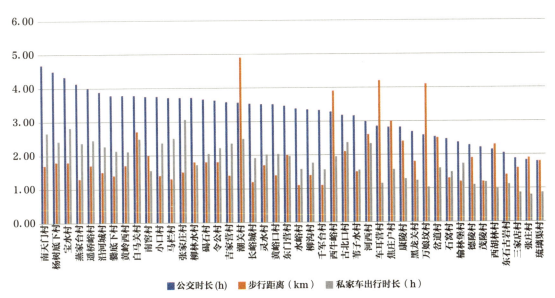

▲ 图3-42 传统村落公共交通实时可达性（来源：研究团队自绘）

◆ **高速公路服务水平统计表** 表3-4

缓冲区半径（km）	传统村落数量（个）	占比（%）	路名
0~5	11	25.00	G5、G6、G45、G110、G4501
5~10	9	20.45	G1、G45、G110、G4501
10~15	4	9.09	G6、G45
15~20	5	11.36	G5、G4501
20~30	7	15.91	G5、G45、G4501
>30	8	18.18	G4501

（来源：研究团队自制）

②一级公路服务

通过对北京市一级公路进行多级缓冲区分析，并统计各传统村落的分布，得到一级公路的服务情况。可以看出密云区较远的吉家营村、遥桥峪村和小口村距离一级公路较远，大部分村落都在4~8km。

通过分析传统村落与各级道路之间的连接情况，根据评价体系中的评价标准进行道路交通可达性评估，汇总得出各级道路缓冲区覆盖的传统村落数量，结果如表3-5所示。可以看出一半的传统村落都位于一级公路4km的缓冲区范围内，75%的传统村落距离最近的一级公路小于8km，说明一级公路对于传统村落的服务能力较好，且重点服务的公路有G108、S211等，从道路行政等级来看多为省道和国道。另外有3个传统村落位于一级公路16km缓冲区外，且都在密云区，说明密云区的一级公路对于传统村落的服务能力有待提升。

◆ 一级公路服务水平统计分析表　　　　　　　　　　表3-5

缓冲区半径（km）	传统村落数量（个）	占比（%）	路名
0~4	23	52.27	G108、G109、G110、S207、S211、S219、S236、S308、S309、S311、S318、S320、S330
4~8	10	22.73	G108、S211、S323
8~12	8	18.18	G109、G110、G234、S211、S219、S323
12~16	0	0.00	
>16	3	6.82	G234

（来源：研究团队自制）

③二级公路服务

通过对北京市二级公路进行多环缓冲区分析，并统计各传统村落的分布，得到二级公路的服务情况。可以看出整体上没有超出二级缓冲区范围的村落，且大部分村落都位于3~6km的范围内，说明二级公路可达性良好。

通过分析传统村落与各级道路之间的连接情况，根据评价体系中的评价标准进行道路交通可达性评估，汇总得出各级道路缓冲区覆盖的传统村落数量，得到统计结果如表3-6所示。从表中可以看出北京市的二级公路对传统村落的服务能力好于前两级公路，其中3km缓冲区范围内的传统村落占到55%，6km缓冲区范围内的传统村落占到77%，且没有超出12km缓冲区服务范围的传统村落，可见二级公路是对传统村落的可达性最友好的道路等级，主要服务的二级公路有X007、X014等，从道路行政等级来看多为县道和省道。

◆ 二级公路服务水平统计　　　　　　　　　　表3-6

缓冲区半径（km）	传统村落数量（个）	占比（%）	路名
0~3	24	54.55	G234、S209、S212、S217、S311、X001、X004、X007、X008、X010、X017、X020、X025、X211
3~6	10	22.73	S216、S320、X007、X013、X014、X030
6~9	4	9.09	S203、S335、X008、X014
9~12	6	13.64	X007、X010、X014
>12	0	0.00	—

（来源：研究团队自制）

④三级公路服务

通过对北京市三级公路进行多环缓冲区分析，并统计各传统村落的分布，得到三级公路的服务情况。可以看出各村到三级公路的距离等级差距较大，大多位于第三到四级缓冲区，也就是3~5km的范围，且超出5km之外的也不占少数，说明三级公路对各传统村落的可达性较差，道路服务覆盖不够全面。

通过分析传统村落与各级道路之间的连接情况，根据评价体系中的评价标准进行道路交通可达性评估，汇总得出各级道路缓冲区覆盖的传统村落数量，得到统计结果如表3-7所示。可以看出北京市三级公路对传统村落的服务能力跟二级公路相比有明显差距，各级缓冲区都覆盖一定比例的传统村落，且占比最大的是大于5km缓冲区范围外的部分，也就是说有12个传统村落位于三级公路的五级缓冲区之外，覆盖度不够广泛。主要涉及的三级公路有X010、X014、古下线、石梨路、青黄路等。

◆ 三级公路服务水平统计表　　　　　表3-7

缓冲区半径（km）	传统村落数量（个）	占比（%）	路名
0~0.3	9	20.45	X006、X027、X301、Y709、古下线、青黄路
0.3~1	7	15.91	X008、X011、X014、古下线、石梨路、石西路、黄长路
1~3	10	22.73	X010、X019、X027、X209、石梨路、青黄路、西黄路、车耳路
3~5	6	13.64	X010、X014、Y252、Y610
>5	12	27.27	X014、X015、X209

（来源：研究团队自制）

设施服务水平是决定传统村落能否长期稳定发展和产业可持续发展的重要因素，良好的服务设施能够提高村民生活幸福度，是延长游客停留时间的重要条件。目前北京传统村落的公共服务设施中，文化、商业公共服务设施复合性尚可，服务性和便利性亟待提升，整体设施便捷性不佳。对内应重点提升公厕服务和金融保险服务的便捷性，对外应重点增设高端度假服务，增强旅游吸引力。交通枢纽站点可达性较好，为传统村落拓展国际旅游提供了良好基础，因此应该根据公共交通及各级公路的服务水平，提高地铁、轻轨等大运量公共交通向传统村落延伸，并提高交通站点到达传统村落"最后一公里"步行环境的舒适度，提高交通沿线景观环境水平。各级公路服务水平方面，二级公路对传统村落的服务能力最好，门头沟、密云缺少高速公路服务，三级公路的布设需普及，应提高公路枝状末端的道路水平。

▲ 图3-43 高速公路交通缓冲分析
（行政边界审图号：京S（2021）023号）

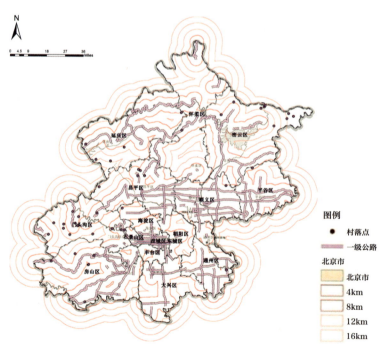

▲ 图3-44 一级公路交通缓冲分析
（行政边界审图号：京S（2021）023号）

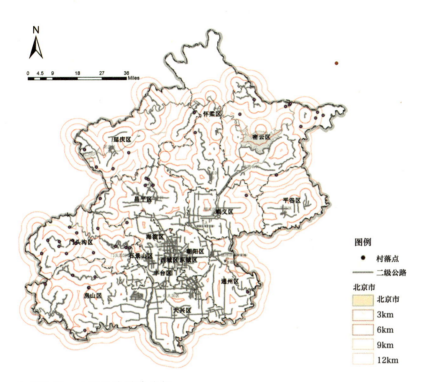

▲ 图3-45 二级公路缓冲分析
(行政边界审图号：京S（2021）023号)

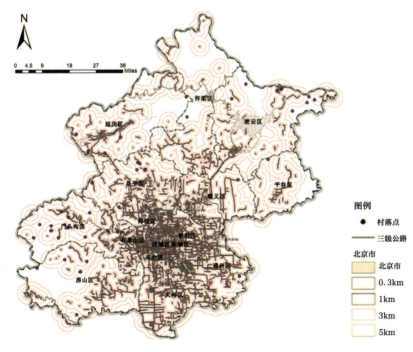

▲ 图3-46 三级公路缓冲分析
(行政边界审图号：京S（2021）023号)

Chapter 4
第 4 章

基于K-modes 的北京传统村落传承利用分类研究

◀ 北京市门头沟区斋堂镇马栏村

4.1 基于K-modes的传统村落传承利用分类评估方法

4.1.1 评估目标与原则

1. 评估目标

传统村落作为农耕文明不可再生的文化遗产，其价值能否得到全面的衡量，是否得到了有效的保护和传承利用是值得重视的关键问题。传统村落价值评估并不追求一个很精确的结果，而是通过建立科学的数理模型，对传统村落本体价值及形态表征价值进行理性、量化的综合评价与跟踪研究，得出相对清晰、动态的价值评估状况。不同维度的价值反映在传统村落身上会有相应的价值对比，这种价值对比能够反映出遗产的价值特性。应利用不同维度的评价结果发现传统村落保护与传承利用过程中的问题，确定保护方式、产业引导策略等保护控制内容，并制定保护发展策略，引导地区发展。

2. 评估原则

（1）完整性原则

注重村落空间的完整性，挖掘和保护传统村落的历史、文化、艺术、科学、经济、社会等价值，防止片面追求经济价值。

（2）原真性原则

注重文化遗产形态、内涵的真实性，注重村民生产生活的真实性，合理控制商业开发面积比例，严禁以保护利用为由将村民全部迁出。

（3）可持续性原则

注重传承利用的延续性、传统文化的延续性、人居环境的延续性，活化利用传统村落公共空间，强化新旧元素、传统与现代功能的融合，关注传统村落生产、生活环境品质。

（4）科学性原则

传统村落聚类评估体系中的各指标因素及维度是对客观事物的抽象化描述。传统村落的保护传承利用的相关指标内容丰富，参考传统村落资源保护管理与传承利用的相关理论，结合北京传统村落的历史文化特色与社会经济背景，严谨地描述传统村落多维度、多层次、多阶段保护传承利用情况的指标，构建科学的评估体系。

（5）系统性原则

传统村落价值评估体系是多维度、多要素的复合体，需要把物质与非物质价值要素划分成若干维度。应对每一维度的设置指标进行评价，使分析评估更加简单明确，同时，兼顾系统性，相对全面地反映传统村落各方面的传承利用状况。

（6）可操作性原则

对于价值评估指标的设计需有明确的概念和清晰的定义，方便采集数据和收集信息，增强指标的有效性和有用性。同时，注重具体评估操作流程的可操作性。

4.1.2 分类评估方法

聚类分析（Cluster Analysis）在机器学习、数据挖掘、经济管理等领域得到了广泛的应用。目前常用的聚类分析方法有层次聚类（Hierarchical Cluster）和K-means聚类两大类。但是传统的K-means聚类法和层次聚类法只能对数值属性的数据进行聚类，由于北京传统村落的价值构成指标都是分类变量，且维度较广，分级数据型指标较少，无法适用这2类方法，而Huang（1997）提出的K-modes聚类法是基于K-means聚类法的扩展，适用于对分类属性数据进行聚类。因此研究选择K-modes聚类法对北京传统村落价值构成要素指标进行区划。

K-modes聚类法的核心是对分类数据相异度的测量（Dissimilarity Measures）[①]。假设两个待分类的传统村落价值构成要素X、Y是由m个分类属性的分量构成的向量，即$X=(x_1, x_2, \cdots, x_m)$、$Y=(y_1, y_2, \cdots, y_m)$。在该例中共有22个分类指标和44个分类样本，因此$m=22$，向量X、Y共有44个。K-modes聚类方法将传统村落价值构成要素X、Y的相异度定义为：

$$d_x(X, Y) = \sum_{j=1}^{m} \frac{n_{x_j} + n_{y_j}}{n_{x_j} \times n_{y_j}} \times \gamma(x_j, y_j)$$

其中，$\gamma(x_j, y_j) = \begin{cases} 0, (x_j = y_j) \\ 1, (x_j \neq y_j) \end{cases}$，即当传统村落价值构成要素$X$，$Y$的第$j$个要素分类特征相同时（即$x_j=y_j$），$\gamma(x_j, y_j)$为0；当传统村落指标要素$X$，$Y$的第$j$个要素分类特征值不相同时（即$x_j \neq y_j$），$\gamma(x_j, y_j)$为1；$n_{x_j}$表示所有待分类的传统村落价值要素中有多少个要素的第

---

① 梁吉业，白亮，曹付元. 基于新的距离度量的K-Modes聚类算法[J]. 计算机研究与发展，2010，47（10）：1749-1755.

j 个要素分类特征指标与传统村落要素 X 取值一样，n_{y_j} 表示所有待分类的传统村落价值要素有多少个要素的第 j 个要素分类特征指标与传统村落要素 Y 取值一样。当传统村落要素 X、Y 的第 j 个要素分类特征值 x_j 和 y_j 在所有待分类传统村落要素中越稀有，该价值评估要素分类特征指标 j 在计算传统村落要素 X、Y 的相异度函数中的权重（即 $\dfrac{n_{x_j}+n_{x_j}}{n_{x_j}\times n_{x_j}}$）就越大，于是要素 X、Y 在该价值评估要素分类指标 j 上的相异度 $\left[\text{即}\dfrac{n_{x_j}+n_{y_j}}{n_{x_j}\times n_{y_j}}\times \gamma\left(x_j,\ y_j\right)\right]$ 就越大，越容易将其进行区分。

4.1.3 评估步骤

对于传统村落的评估不同于方案评估，而是应立足于传统村落多维度的价值资源特征给予综合判断，因此对传统村落的基础调查及资料信息收集的完整度有较高的要求。

通过剖析已有研究中对传统村落及遗产资源价值评估的步骤，再结合现实资料及技术手段的特殊要求，因此价值评估将重点突出其多维度综合评价特征，步骤主要分为以下几点：（1）确定评估对象、评估主体以及评估载体；（2）通过实地调查和相关文献、历史资料搜集，构建价值评估的工作路线；（3）剖析当前乡村发展的战略契机、资源的稀缺性及保护与发展的工作壁垒，系统梳理传统村落保护与发展的时代诉求；（4）归纳整理国内外

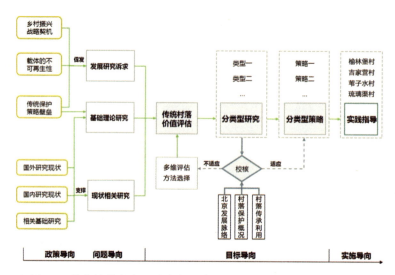

▲ 图4-1 传统村落聚类评估路径（来源：研究团队自绘）

已有的基础理论研究成果、传统村落发展现状及相关工作；（5）筛选评估构成要素，构建价值评估指标体系；（6）选取适用的价值评估方法，进行综合评价分析；（7）运用成熟的实证案例校核价值评估模型的可靠性与适用性；（8）选取案例运用体系进行实证研究。（9）对评估结果进行分析和研究，并提出相应的指导策略。

4.2 评估指标体系构建与应用

4.2.1 指标体系构建

传统村落兼有物质与非物质文化遗产，而且在村落里这两类遗产相互融合、相互依存，形成一种生产生活中的遗产，具有较高的多维度价值特征。传统村落承载着中华传统文化的精华，是农耕文明不可再生的文化遗产。传统村落凝聚着中华民族精神，是维系华夏子孙文化认同的纽带。传统村落保留着民族文化的多样性，是繁荣发展民族文化的根基。因此，传统村落具有动态性、活态性、传承性特征，是适应社会经济环境形成的一种聚落形态。结合北京传统村落文化与自然资源特色及产业发展特征，从资源、设施、产业三方面进行评估，分析传统村落的资源价值等级及传承利用水平。

1. 资源价值评估

遗产资源价值从传统村落格局与传统风貌保存完整性及各类历史文化资源的价值等级等方面进行评价，反映传统村落历史价值、艺术价值、情感价值、环境价值等多方面价值的高低。

传统村落历史文化内涵丰富，凝聚了长期发展的历史文化信息、迭代创新的建造技艺及传统民俗艺术。历史价值是指传统村落见证某一重要事件、历史人物密切相关的空间场所，传统村落作为历史演变的空间产物，能够反映出村落在某一历史发展阶段中的社会、经济、技术、政治和生活方式等内容信息。艺术价值是指传统村落在不同地域乡土文化背景、长期的历史发展演变中形成了自己独特的传统文化，真实地展示了当地历史文化脉络的演变。情感价值包涵独特的生活方式（包括日常生活方式、风土人情、宗教信仰以及历史变迁）。北京传统村落在长期军事防御、民族迁徙、商贸经济发展中，形成各具特色的历史文化，具有地域典型代表性。环境价值主要表现为居民长期定居，从事生产生活活动，具有充足的农业、商贸等产业用地，同时村落作为旅游吸引物本身，山水环境、聚落空间、传统建筑等成为游客游览活动的空间载体。

◆ 传统村落价值要素构成 表4-1

综合价值层	多维度价值层	价值指标因子层
传统村落遗产价值	历史价值	历史年代、历史职责、相关历史事件与人物、历史信息保存的完整性
	艺术价值	民俗文化传承、文化遗产级别、建筑艺术的代表性、建筑外形完好程度、艺术特性的完整性、反映地域个性的程度、城镇文化景观的艺术价值度
	情感价值	场所心理认同、社会结构、宗教和纪念场所、典型人居活动场所认同
	环境价值	区位条件、村落聚落形态格局保存完整度、街区内建筑文物保护级别、传统建筑占总比例、建筑风貌保存完整度、自然地形地貌、传统村落与自然环境的关联性、自然资源的禀赋

2. 设施本底评估

设施本底主要从公共服务设施、旅游服务设施、交通服务设施三个方面进行评价，反映村落设施配置的丰富性、可达性与合理性。

传统村落中服务设施在长期的建设发展中处于更新状态，各类服务设施的配置水平体现了传统村落发展阶段。公共服务设施为村落居民提供多样化的生活方式，是满足居民多元化生活需求的重要载体。旅游服务设施是旅游产业及相关衍生产业发展的基础，为游客提供食、住、行、游、购、娱等多种服务。交通服务设施则是从大的区域交通视角出发，评判各类交通出行方式到达传统村落的可达性。

3. 产业发展评估

产业发展主要从区位条件、人口吸引力、旅游热度、产业构成四方面进行评价，区位条件是决定游客居民便捷可达及吸引投资的重要因素，区位条件从传统村落的具体城镇发展区位进行考虑，靠近集镇或城区的传统村落具有更好的资源增值的潜力。人口吸引力反映传统村落内常住人口稳定性，由于村落内的原住居民是传统村落乡愁记忆与社会关系的载体，是推动传统村落建设发展的内生动力。旅游热度反映传统村落旅游产业发展的阶段、对外来游客的持续吸引力。传统村落非固化的文物，而是长久繁衍生息的产物，需要产业经济的支撑，保障村落长期稳定发展。因此，在传统村落旅游承载力范围内，旅游热度越高则说明村落经济活力越强。同时，根据传统村落资源特色，合理的产业构成是传统村落可持续发展的基础，避免过度消耗资源。①

4.2.2 指标遴选

北京传统村落文化内涵丰富，传承发展情况复杂，研究结合北京传统村落保护发展情况及传承利用情况的数据分析与整理，从资源特色、设施本底、产业发展三个方面遴选指标，共遴选出27个指标，见表4-2。通过指标相关性进行分析，筛选出准确表征北京传统村落特征的核心指标，共计20个指标。资源特色方面包含7个指标，主要从历史久远度、资源价值等级、风貌格局完整度、社会结构稳定性三方面进行评价，其中历史久远度根据北京传统村落建成时间分为元、明、清及清以后四个阶段；资源价值等级从传统村落中不可移动文物、非物质文化遗产列入保护名录的等级进行划分；风貌格局从村落周边地形地貌、整体风貌保存完整性、传统风貌建筑占比三个方面进行评价；社会结构稳定性从传统村落聚集迁移形式到目前的村民构成情况，分为氏族型、多民族型、综合型三类。

设施本底方面包含9个指标，主要从交通服务、公共服务、旅游服务三个方面进行评价，其中交通服务从交通枢纽站点可达性、公共交通可达性及各级公路综合服务水平三方面进行评价；公共服务从服务村民的设施服务性、复合性、便利性进行评价；旅游服务设施从服务于游客的休闲娱乐、高端度假、餐饮服务等设施的便捷性进行评价。

产业发展方面包含4个指标，主要从区位条件、人口吸引力、产业结构、旅游活力四个方面进行评价，其中区位条件从距离集镇或城区的距离划分为便利、一般、差三个等级；人口吸引力根据常住人口增长变化情况划分为增长、稳定、衰减三个等级；产业结构根据一、二、三产业经济收入的分布情况，划分为农业型、商贸型、旅游型及"农业型+旅游型"组合型四类；旅游活力依据人流统计数据及空间核密度差值结果，将北京传统村落活力指数划分为旅游一级热点村、旅游二级热点村、旅游三级热点村、旅游热度一般村。

---

① 梁健. 以旅游为导向的传统村落空间活化设计策略初探 [D]. 华南理工大学，2018.

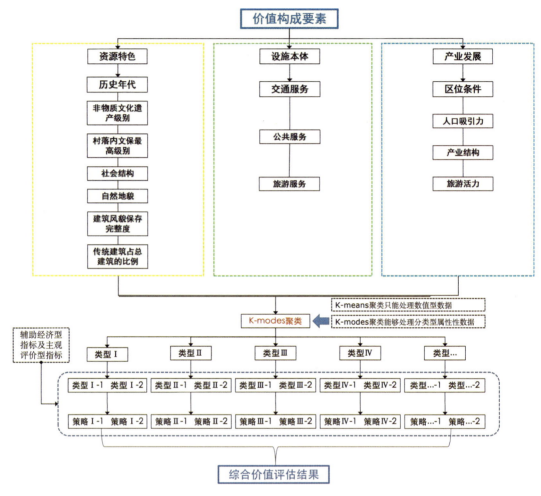

▲ 图4-2 北京传统村落价值评估指标体系（来源：研究团队自绘）

4.2.3 实证研究及聚类结果

　　Mardia等（1979）建议分类的数量可以参考样本的总数量拟定分类型数，即 $k \approx \sqrt{\frac{n}{2}}$，其中$n$是待分类的样本数，$k$为聚类的类别数量。通过系统的梳理与整合，有44个北京传统村落价值构成要素待聚类，$k \approx \sqrt{\frac{n}{2}} = \sqrt{\frac{44}{2}} \approx 4.69$，因此该研究根据北京传统村落价值评估构成要素分类指标体系中所构建的参考值，运用K-modes方法将北京传统村落价值要素划分为4类。K-modes聚类算法的步骤如下：①为每一类选取1个传统村落要素作为初始中心，共

4个初始中心,并根据相异度函数$d_x(X,Y)$计算各个传统村落要素与初始中心的相异度;②根据相异度最小的原则把所有传统村落要素归到与之最相似的类中,并重新计算每一类的中心;③根据相异度函数计算各个传统村落要素与新的中心的相异度,将传统村落要素归到与之最相似的类中,并重新计算每一类的中心;④一直重复第三步,直到各个类的中心与各个传统村落要素的归属不发生变动为止。最终得到4个类别中心的典型特征,并通过对平均数的差异的检验,在sig列表中,除了两个指标,其他指标都达到了显著的水平(近趋向于0值),说明这种分类还是比较有效的。

◆ **类别中心的典型特征** 表4-2

序号	类型一	类型二	类型三	类型四
1	清朝	明朝	元朝+明朝	元朝
2	无	区级、市级	国家级	国家级
3	市、县级	市、县级	国家级	市、县级
4	综合型	综合型,多民族	氏族型	综合型
5	深山型	浅山型+深山型	浅山型+深山型	平原型+浅山型
6	综合	市级、国家级	国家级	国家级
7	20%	>60%	40%~60%	20%~40%
8	不太便捷	一般便捷	便捷	非常便捷
9	不太便捷	一般便捷	便捷	非常便捷
10	不太便捷	一般便捷	便捷	非常便捷
11	一般便捷	不太便捷	一般便捷	非常便捷
12	一般便捷	不太便捷	一般便捷	非常便捷
13	一般便捷	不太便捷	一般便捷	非常便捷
14	不太便捷	不太便捷	一般便捷	便捷+非常便捷
15	不太便捷	不太便捷	一般便捷	便捷+非常便捷
16	不太便捷	不太便捷	一般便捷	便捷+非常便捷
17	一般	一般	一般+好	好
18	稳定型	稳定型+衰减	稳定型	稳定型
19	旅游四级热度村	旅游三级热度村	旅游二级村	旅游热点村
20	农业型	农业型+商贸型	农业型+旅游型	旅游型

(来源:研究团队自制)

在北京传统村落的分类研究多从价值评价入手，以资源特色为评价核心对传统村落进行资源利用指引。研究在价值判断的基础上，增加产业发展阶段和设施配置情况，充分考虑资源叠加的多种组合形式，为判断传统村落保护传承利用模式提供技术支撑。通过将不同类型的判断指标，简化成可横向分级划分的分类型指标。指标项类型包括以下三种形式：①判别型的判断指标，例如地形地貌、区位条件、交通情况、风貌格局、社会结构等指标，可通过数值测度×影响因子量值（此量值不具备优劣等级划分），得到最终判别指标类型。例如主导产业类型=产值比例×主导产业类型×支付意愿等，得到划分类型，区位条件=距离相邻镇政府的距离×道路等级×地形×交通方式等，得到划分类型；②比例型的判断指标，例如传统村落中传统建筑占总建筑的比例等，可通过K-means聚类进行划分；③分类型的判断指标，例如文保级别、人口情况、设施水平、主导产业类型等，可通过分项指标类型进行划分，再通过K-modes聚类进行划分。研究提出的分类型评价指标处理方式，旨在为传统村落价值评估提供一种新的思路与探索路径。

4.3 价值构成与类型判断

北京传统村落在历史文化形成背景、区位交通条件、人口经济发展现状、历史文化资源条件等方面具有明显的差异性，在多维度指标分析的基础上，将资源特色、设施本底、产业发展三方面进行组合叠加形成四类传统村落，即内卷型传统村落、静态保护型传统村落、均衡发展型传统村落、动态发展型传统村落。其中内卷型传统村落指区位、用地等条件受限，与周边村落相比资源较为同质化，产业发展处于停滞状态，缺少新契机提升的传统村落。静态保护型传统村落是指资源环境条件较好，但设施本底条件较差，开发建设投资量较大的传统村落。均衡发展型传统村落是指资源环境条件较好，处于转型发展初期，设施服务和产业能级需要提质升级的传统村落。动态发展型传统村落是指资源特色、设施本底及产业发展均较好，可持续发展并突破的传统村落。

Chapter 4
第4章 基于K-modes的北京传统村落传承利用分类研究

表4-3 ◆ 北京传统村落保护传承利用模式总结

序号	组合对应	类型名称	保护发展趋势	空间模式	模式说明
1	人口减少+原设施+原产业	内卷型	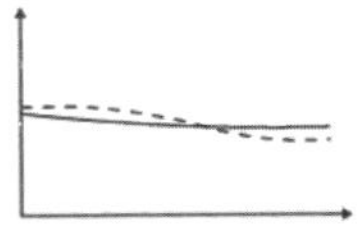	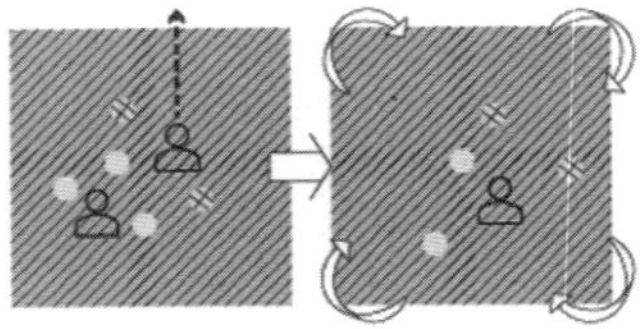	人口衰减,改造的更新较少,基本无新产业的注入,村落保护力度较弱,发展出现内卷现象,甚至衰退
2	人口稳定+原设施+原产业	静态保护型	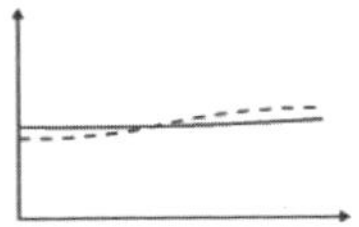	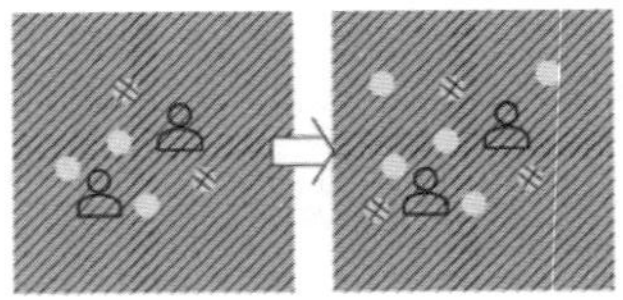	人口稳定,设施的改造较少,村落保护程度一般,产业发展进程一般
3	人口稳定+原设施+新产业	均衡发展型	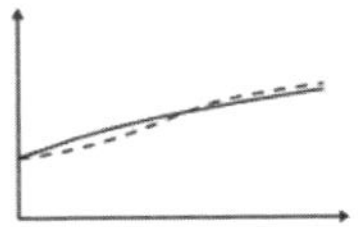	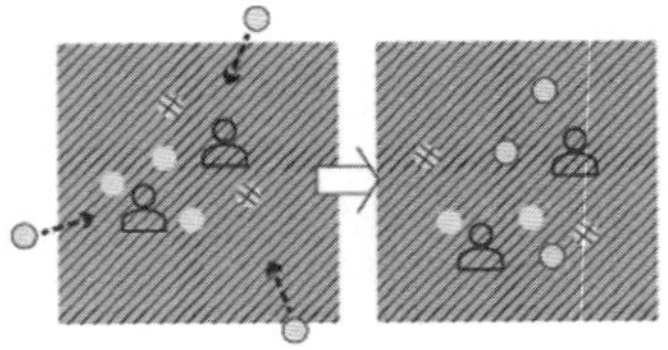	人口稳定,设施更新稳步推进,新产业的注入与村落保护程度总体较为均衡,未来发展潜力较大
4	人口增加+新设施+新产业	动态发展型	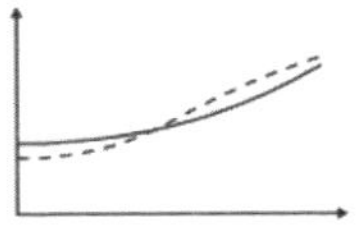	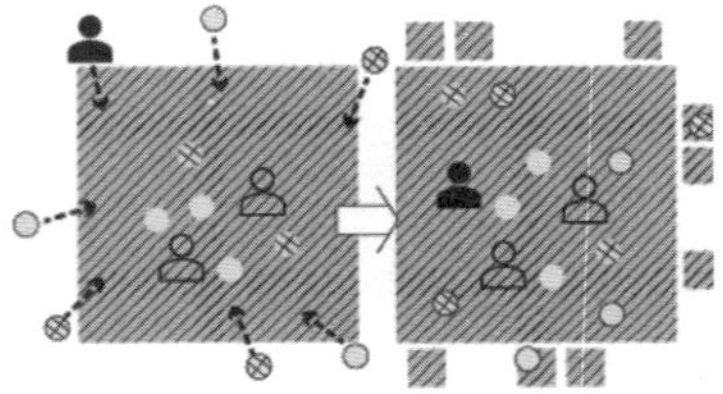	人口增加,设施更新与改造成熟,有新产业不断注入,产业发展活力较高,发展进程快,初步形成品牌影响

原产业 ⊗ 原设施 &. 原住民 ○ 新产业 ⊘ 新设施 ▲ 新居民 ——保护 ----发展

(来源:研究团队自绘)

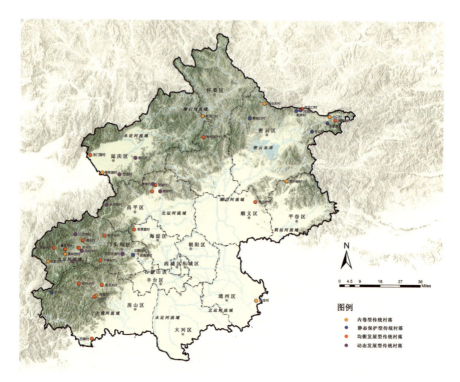

▲ 图4-3 北京传统村落聚类分析结果
(行政边界审图号：京S（2021）023号；高程数据来源：地理空间数据云ASTER GDEM 30M分辨率数字高程数据；研究团队以此为底图绘制)

基于K-modes的聚类结果较客观地反映了北京市内的44个传统村落所具有的4种传统村落价值构成类型，结合其所含村落的地理分布、产业发展、文化资源禀赋的统计与分析，即可初步判断和划定分类型保护与发展类型。在初步分类的基础上，综合各价值指标对北京传统村落进行客观描述，总结北京传统村落的形象化特征，实现科学评估由抽象指标向聚类总结的转化，确定北京传统村落的核心价值特色与横向发展阶段特征。

4.3.1 类型一——内卷型

内卷意为内缠、退化和复旧等，由美国人类学家Clifford Geertz研究爪哇农业时提出，指长期停留在一种简单层面的自我消耗和自我重复现象[①]。社会学者陶慧首先将内卷现象应用到传统村落的保护传承利用中，并认为内卷型是原生传统村落的典型代表，这类传统村落

---

① MBA智库百科：https://wiki.mbalib.com/wiki/内卷化效应.

的乡民保持原有的生活秩序，外流有限，生产活动显著，但多限于自给自足的小农经济；虽然资源富集、空间结构保持完整，未出现大体量的破败和损害，但由于区位劣势，投资成本高，几乎无外来投资，无根本性的社会经济变革行为。[1]

分析认为，张家庄村、白马关村、小口村、南天门村、南窖村、张庄村、西牛峪村、榆林堡村等8个传统村落属于内卷型。对于京郊内卷型传统村落来说，多处于交通相对不便的山区、浅山区，人口、产业、空间均呈现滞缓发展现象。村落受城市化建设发展影响较少，同时存在历史文化遗产保护修缮工作滞后问题，整体空间格局保存较为完好，但村落内部原有文化生活空间活力不足，相较于其他传统村落资源价值特色不突出。主导产业以种植业、养殖业等原始农业为主，村民充分利用现有土地资源与气候特征发展种植业与禽畜养殖业，但产业规模和产能增幅相对较小。现状原住居民经济收入水平较低，部分村民收入以外出务工为主，村落常住人口出现衰减现象。村落道路交通、市政基础设施等改造更新较少，仍然保留着传统的生产生活模式。

例如，张家庄村2018年常住人口186人，与2015年相比人口减少了57.14%。由于张家庄村水资源匮乏，生产生活用水均采用机井取水形式，限制了村庄人口及农业等产业发展。白马关村2018年常住人口207人，与2015年相比人口减少51.18%，村庄内王青果古院、王春祥古院、王清友古院等传统院落破损严重，原有院落内建筑组合形式不完整。村庄以种植业为主，受用地规模影响，村庄经济收入水平增长受限。小口村2018年常住人口156人，与2015年相比人口减少28.44%，村落的区位交通不便捷，目前村庄产业以苹果等林果种植为主，保持原有传统农耕种植模式。榆林堡村位于北京市延庆区与河北省怀来县交界处，区位亦相对较为偏僻，由于榆林城堡为夯土砌筑，长期处于风蚀环境下，保存情况不容乐观，目前仅有南北二城城墙有部分余留。村落内清式风格四合院建筑的分布较为分散，进行旅游开发建设投入成本较高。[2] 难点在于所需投入资金规模过大，而成效显现速度慢，在由第一产业向第二、第三产业转型发展中资源优势不明显，村落产业转型升级投资成本较高，缺少良好的发展契机。但是，诸多实践也表明，在后期发展传承过程中，此类村庄可依托自身条件，以发挥村民力量为核心，采取低成本、渐进式的"社区营造"或者"共同缔造"方式，依然可以摆脱内卷，焕发新活力。

---

[1] 陶慧，麻国庆，冉非小，等. 基于H-I-S视角下传统村落分类与发展模式研究——以邯郸市为例[J]. 旅游学刊，2019，034（11）：82-95.
[2] 北京市农业农村局. 北京传统村落（第一批）[M]. 北京：中国建筑工业出版社，2019.

▲ 图4-4 榆林堡村传统民居院落（来源：研究团队李志新摄）

▲ 图4-5 榆林堡村传统民居建筑（来源：研究团队李志新摄）

4.3.2 类型二——静态保护型

静态保护型意即以保护为核心的村庄传承方式，可持续的产业活化能力尚弱，此类保护更加依靠政府的投入。此类村落的整体风貌特色突出，文物保护单位级别较高，部分文物是集中反映社会经济发展及重大事件的实物载体，因此政府投入的必要性较大。但由于多种原因，诸如过度强调保护、发展条件不成熟等，使村落的传承利用等经济活力尚未充分发挥。产业经济仍以农业种植为主，旅游开发多以静态观光游、短时旅游为主，历史文化遗产活化利用水平不高，旅游服务等的配套设施不足，与周边旅游景点尚未形成联动模式。

东石古岩村、吉家营村、千军台村、马栏村、令公村、潮关村、宝水村、黄峪口村等8个传统村落属于静态保护型。该类村落多位于浅山区，村落选址格局具有地域典型代表性。村落传统风貌保存完整，保持原生态的生产生活场景，但交通条件相对较为不便捷，公共服务设施与基础设施更新改造速度缓慢。主导产业仍以种植产业为主，产业经济稳定，较少进行规模化的乡村旅游等第三产业发展探索。村落在长期的定居发展中，形成维系良好社会关系的血缘、情缘、地缘、业缘，村落人口相对稳定。

例如，东石古岩村位于九龙山与对过岩相对峙的盆地之间，西山古道穿村而过，传统建筑随形就势分布于道路两侧，建筑材料采取在地性的石材，形成青石砖瓦铺砌的硬山式建筑群。村落植被覆盖率高，掩映在山榆、黄栌、山桃山林之中，村民收入以梨、柿、核桃、枣等种植为主。村庄作为京西古道与通衢大道旁的"世外桃源"，文化底蕴丰富，但由于交通闭塞等多方面原因，旅游发展尚处于初始阶段。千军台村两面被山谷夹持，位于山腰间的台地上，目前旅游发展主要依靠每年一度的"古幡盛会"，形成了一定的知名度，但传统节

▶ 图4-6 东石古岩村传统民居院落（来源：中国传统村落数字博物馆网站）

◀ 图4-7 东石古岩村石窟崖摩崖碑（来源：中国传统村落数字博物馆网站）

庆活动对村庄的带动是有限的，村落依然以传统种植业为主，村庄服务设施的配置也较为缺乏，原有配置的便利店、餐馆等由于人流支撑不足相继关闭，目前村落更多以保护为主，发展依然面临投资掣肘。

4.3.3 类型三——均衡发展型

均衡发展型传统村落的产业发展借助自身资源优势在周边旅游景区的开发带动下，具备良好的产业转型发展机遇。知名景区巨大的吸引力为区域旅游在资源和市场方面带来发展契机，周边的村庄借助这一优势，往往成为乡村旅游的优先发展区。景区周边乡村与景区本身存在着千丝万缕的联系，在文脉、地脉以及社会经济等方面具有地域一致性，为乡村旅游的发展提供了相对较好的民众基础。同时，发展依托知名景区/目的地的接待服务型村庄，既有村庄自身经济发展的主观需要，也有景区开放化、休闲化的客观需要。村落设施更新改造稳步推进，在北京美丽乡村建设背景下，完成基础设施的综合整治。产业发展方向需要突出自身的资源优势，避免同质化竞争。

车耳营村、三家店村、黄岭西村、碣石村、苇子水村、燕家台村、柳林水村、沿河城村、西胡林村、黑龙关村、石窝村、水峪村、万娘坟村、茂陵村、杨树底下村、河西村、遥桥峪村、东门营村等18个传统村落属于均衡发展型，在产业转型发展中进行创新性尝试，适应村落的多元化产业发展模式已步入孵化阶段。该类传统村落历史文化资源特色突出，具有传统技艺支撑形成的特色手工产业，或特色种植产业链延伸已形成"种植+加工+销售+采摘"等多元化的产品开发模式。村落在充分利用区位交通优势的基础上，积极引入资金投入，对原有的设施进行改造，但基础设施和公共服务设施配置总体水平较低，尚不能满足近期产业发展的现状需求。在资源优势明显、设施有待完善的发展背景下，成为多方利益博弈的重要场所，因此需要通过科学化的评估与可持续性的开发模式进行指引。

例如，苇子水村文化底蕴深厚，历史文化元素多元，拥有独一无二的北京市非物质文化遗产"干口秧歌戏"。同时受红色文化熏陶，成立村级党支部。传统建筑受京城文化影响，在建筑总体形制上为京派风格，延续北方传统民居建筑特色，色调古朴淡雅，落落大方。院

▶ 图4-8 黄岭西村古村环境（来源：研究团队何子怡摄）

▶ 图4-9 马栏村红色革命纪念地（来源：研究团队田家兴摄）

◀ 图4-10 苇子水村合院建筑（来源：研究团队郝静摄）

◀ 图4-11 苇子水村合院建筑（来源：研究团队郝静摄）

落布局以合院为主，有四合院、三合院、二合院等。顺应山地地形变化布局朝向，以南向、东南向为主。建筑材质一般就地取材，强调建筑的乡土性。目前，苇子水村以香椿、柿子、核桃、山杏等林业种植为支柱产业，利用具有京西民间戏曲特色的民俗文化和滨水架桥形成南北合璧的人文景观，发展民俗旅游业。

4.3.4 类型四——动态发展型

动态发展型传统村落依据自然资源优势和文化资源优势发展形成一定的产业基础，"农业+商贸""农业+旅游"的产业发展模式一脉传承。由于其特殊的地理、气候、土壤和历史的积累,村落具备某一种类型的特色产业资源。一是自然资源为依托的村落发展模式,以自然或农业资源,衍生形成"农业+"的采摘、观光、拓展、培训相结合的产业发展路径。二是以民俗文化或传统工艺为基础的村落发展模式,形成特色民俗旅游村或技艺传承村。该类村落多以基础设施与服务设施配套完善为发展引擎,以村落资源为核心竞争力,致力于精品塑造。村落产业发展面临文化丧失、游客接待量受限的问题。

爨底下村、琉璃渠村、长峪城村、康陵村、古北口村、灵水村、柳沟村、岔道村、德陵村、焦庄户村等传统村落属于动态发展型,村落旅游景点除村落建成空间外,部分引入社会资本投资或政府统一开发建设模式,与周边景区进行联动开发建设,引入除参观游览外的采摘、垂钓、骑马、篝火等娱乐活动体验项目。村落居民融入村落商业化发展模式,将生产生活场景塑造为可游览、可参与、可体验的民俗文化活动项目,且在区域范围内产业品牌受到市场的初步认可。村内休闲、餐饮、住宿等旅游服务设施相对完善。有些村落内的存量用地已实现空间腾退和再利用,新植入的建筑景观适应游客消费和审美需求,形成再乡土化的空间形态。同时部分原有传统风貌建筑得以修缮或改造,使其衰败的文化空间得以艺术化重塑。村落中原住居民积极参与村庄建设与产业发展,形成"民+政+企"多元互惠合作发展模式,在产业发展与人居环境提升方面成效较为突出。

例如,爨底下村自20世纪90年代开始进行旅游开发,现与邻村合并成立爨柏景区,人均年收入约8万元,村集体年收入约160万元。每年"人居环境""魅力乡村"等各项拨款近

▶ 图4-12 爨底下村村落格局特色(来源:研究团队单彦名摄)

◀ 图4-13 古北口村村落格局特色（来源：中国传统村落数字博物馆网站）

120万元。原来备受诟病的旅游住宿问题现在正逐渐得到改善。由最初的少量农家乐产业规模逐渐扩大，形成以山旅驿站文创商店、驿清晨民宿、爨舍系列民宿产品为代表性的民宿集群模式。其中山旅驿站文创商店现已有58种以爨底下IP独立开发的纪念品，丰富的产品为游客提供所需，让游客带走爨文化；驿清晨民宿已在爨底下营业12年，不断研究改良，现已是农家乐"2.0版"，为游客提供多种选择；爨舍系列民宿寓意"以家为舍"，院子民宿设计颇具吸引力。村落给排水设施、垃圾处理设施及消防安防设施也逐渐配置完善，并设置了旅游咨询站1处，共有37户村民提供旅游接待服务，服务体系相对完善。但目前依然存在旅游体验品类少、档次有待提升的问题，进一步完善提升的空间较大。

古北口村是典型的动态发展型传统村落，村落临近司马台长城、卧虎山长城、蟠龙山长城、古北口水镇等景点，村落历史文化遗存资源丰富，村中保留的百年老宅，从飞翘的屋脊、仰合瓦压边的屋顶、虎皮石山墙等建筑元素，仍可以使人感受到满族传统民居所特有的魅力。同时庙会和九曲黄河灯会等传统民族活动及庆典保护传承情况良好。在一年一度的九曲黄河灯会中，游客可参与体验制作宫灯、剪纸。村落旅游以本地民间民俗、历史文化等为核心资源，形成以文化体验、文化演艺和民间手工艺等为核心内容的乡村创意旅游。村落经过改造已经升级为有独立卫生间和空调的标准间共511间，可一次性接待游客1200人。村落内教育医疗等公共服务设施基本配套完善，住宿餐饮等旅游服务设施形式也较为丰富。①

---

① https://www.sohu.com/a/251455860_126204.

◆ **基于K-modes的样本聚类结果及其特征概况**　　　　　表4-4

类型	分类型的传统村落名称	特征概况
类型一——内卷型（8）	张家庄村、小口村、白马关村、南天门村、南窖村、张庄村、西牛峪村、榆林堡村	①村落空间结构保持完整，未出现大体量的破败和损害 ②人口数量衰减，甚至空心化 ③以原始农业为主，资源特色不突出，缺少外来投资 ④各类服务设施不太便捷
类型二——静态保护型（8）	东石古岩村、吉家营村、千军台村、马栏村、令公村、潮关村、宝水村、黄峪口村	①村庄空间结构保存完整，传统风貌保存情况较好 ②人口较为稳定 ③产业以原始农业为主 ④区位交通便利，服务设施未开展现代化建设
类型三——均衡发展型（18）	车耳营村、沿河城村、西胡林村、三家店村、黄岭西村、碣石村、苇子水村、燕家台村、柳林水村、黑龙关村、石窝村、水峪村、万娘坟村、茂陵村、杨树底下村、河西村、遥桥峪村、东门营村	①禀赋较好的自然山水资源 ②人口数量增长或保持稳定 ③传统技艺或种植采摘的特色产业突出，处于产业升级转型阶段 ④具有一定的休闲住宿功能及农事体验活动基础 ⑤设施服务水平未进行全面的设施配置或更新改造
类型四——动态发展型（10）	爨底下村、琉璃渠村、长峪城村、康陵村、古北口村、柳沟村、灵水村、岔道村、德陵村、焦庄户村	①村落整体风貌格局保存较完整，村落内建筑文保单位级别较高 ②人口数量增长或保持稳定 ③文化遗产旅游或民俗体验游为主导发展方向 ④区位交通便利，服务设施较为完善 ⑤重要的文化展示窗口、具有较好的旅游发展潜力

（来源：研究团队自制）

Chapter 5
第 5 章

北京传统村落传承利用路径探究

◀ 北京市房山区南窑乡水峪村

5.1 北京传统村落空间发展研究

5.1.1 北京市历史文化资源概况

北京市为世界著名古都,是全国政治中心、文化中心、国际交流中心[①],是向全世界展示中国的首要窗口。传统村落作为鉴证民族迁移、文化融合、军事守卫的重要历史文化资源,是散落在京郊的历史文化明珠,是北京历史文化遗产的重要组成部分。因此,在北京传统村落传承利用中,要凸显村落文化资源特色,同时注重与周边历史文化资源的统筹发展。根据国家相关部门及北京市政府公布的各类历史文化名录,研究梳理北京市历史文化资源共十余类,除传统村落外,还包括世界文化遗产、国家级文物保护单位、省级文物保护单位、国家级风景名胜区、省级风景名胜区、国家考古遗址公园、国家大遗址、农业文化遗产、中国历史文化名城、历史文化名镇、特色景观旅游名镇名村、线性文化遗产

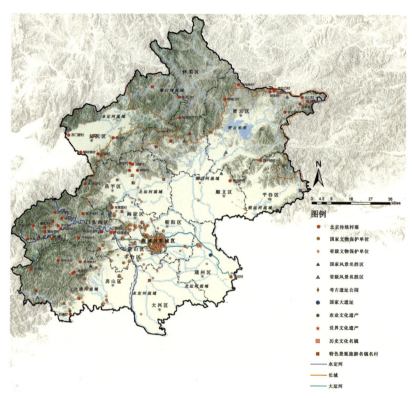

▶ 图5-1 北京市历史文化资源空间分布情况(行政边界审图号:京S(2021)023号;高程数据来源:地理空间数据云ASTER GDEM 30M分辨率数字高程数据;研究团队以此为底图绘制)

---

① 来源于中共中央国务院关于对《北京城市总体规划(2016年—2035年)》的批复。

(文化带)、地下文物埋藏区、历史建筑等。

研究希望探讨传统村落与周边历史文化遗产的空间格局关系，推动传统村落与其他历史文化遗产协调互动发展。通过识别出传统村落与古驿道、古河道等线性文化遗产之间的关系，以及传统村落与其他重要历史文化遗产形成的遗产富集片区，打造具有古村独特风貌的古村保护带和保护区，助推历史文化形成聚合效应、推出地域文化品牌，推动传统村落与其他文化遗产之间的竞合发展和传承利用，提升古村文化传承发展的综合吸引力。

5.1.2 传统村落及周边历史文化资源分析

北京市历史文化遗产丰富多样，涵盖面广，文化价值突出。多处世界文化遗产，主要包括长城、大运河线性文化遗产及北京故宫、周口店北京人遗址、颐和园、天坛、明十三陵等；百余处全国重点文物保护单位，以元明清时期古文化遗址、革命旧址、古建筑、古墓葬为主，分布于东城区、西城区、海淀区等中心城区，少部分分布于昌平区、房山区、丰台区、门头沟区；北京公布8批市级文物保护单位，主要分布于东城区、西城区、海淀区、石景山区等区域；历史建筑共公布三批；国家级风景名胜区，即第一批和第四批公布的八达岭—十三陵风景名胜

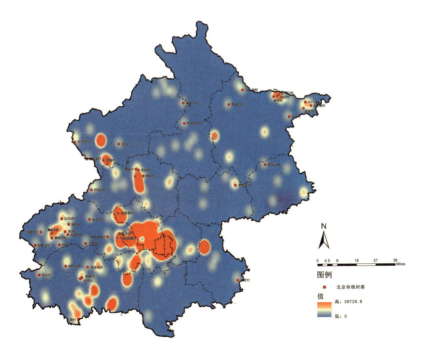

▲ 图5-2 北京传统村落与周边历史文化资源的空间关系（行政边界审图号：京S（2021）023号；研究团队以此为底图绘制）

区、石花洞风景名胜区；以及多处市级风景名胜区和区（县）级风景名胜区。通过对全国历史文化资源进行核密度分析，研究发现北京市传统村落与周边历史文化资源呈空间集聚的状态，形成以八达岭—十三陵风景名胜区、凤凰岭风景名胜区、古北口镇（历史文化名镇）、门头沟潭柘寺—戒坛风景名胜区等为核心的聚集区。

5.1.3 北京市传统村落发展格局体系

通过北京市历史文化资源、传统村落的空间聚集性分析，研究参考了李同德等编制的《北京古村落旅游发展规划（概要）》以及北京市古村统筹保护的相关研究，并结合交通关联性和管理便捷性，研究划定"两带三区"的北京传统村落发展格局体系。"两带"为密云、平谷、怀柔生态古村旅游带和密云、怀柔、延庆边塞关城文化带。"三区"即门头沟商贸文化休闲旅游区，密云长城文化生态旅游区和昌平延庆护陵文化体验区。

1. 密云、平谷、怀柔生态古村旅游带

密云、平谷、怀柔生态古村旅游带北部山区传统村落规模较小，保存完整，与自然山水环境和谐融合，以乡间风情为主题，在北京超一线城市的市场下，建议另辟蹊径反差式发展，打造静谧休闲的主题村落带，以村落为节点，以山水环境肌理为脉络，串联打造京郊自驾、步行观光体验线路，以文化和生态环境保护为主，避免大规模商业建设，配套适宜的服务设施和户外设施，延续和保留完整的历史格局环境。

2. 密云、怀柔、延庆边塞关城文化带

边塞关城文化带以明长城为线路核心，留下了丰富的历史文化遗存，形成了独特丰厚的文物资源。整体而言，长城文化带由长城历史及其相关军事防御设施的文物遗产系统、自然生态景观系统，以及与长城相关的村落、家族、宗教等地域民俗文化系统组成。加强长城精神和长城所承载的优秀传统文化的挖掘工作，以军事文化为主题，打造传统村落与古驿道、文化旅游线路串联的核心发展带。推动古长城与古建筑、古遗迹、古村落、抗战遗址等的串联发展。同时借鉴国内外经验，在传统村落中开展长城国家遗产线路试点，在学术交流、保护整治、设施建设、宣传推广、旅游发展等方面进行探索，打造融合长城文化、古村文化与山水文化的"密云、怀柔、延庆边塞关城文化带"，推动长城文化与传统村落文化元素相结合，焕发新的生机、活力。

3. 门头沟古道文化休闲旅游区

门头沟有着北京最为聚集的传统村落落群，包括爨底下村、灵水村、黄岭西村、马栏村、沿河城村、西胡林村、琉璃渠村、三家店村、碣石村、苇子水村、东石古岩村、千军台村、张家庄村、燕家台村14个传统村落，占北京传统村落数量的32%。京西古道把散落在门头沟的古村落串成一条链，历史遗存丰富。古道包括古商道和古香道，是北京城与西部连通的最古老的一条路，古道盘根错节，几乎涵盖了整个门头沟区，因此设定为门头沟古道文化休闲旅游区。建议以京西商贸文化为核心，协同西山永定河文化旅游带和长城文化旅游带，推进文旅深度融合，重新梳理打造古村落群的古道、建筑、宗教、民俗、红色和山水文化，梳理文化品牌影响力，重点完善配套服务设施，打造京西文化休闲旅游综合区。

4. 密云长城文化生态旅游区

密云长城文化生态旅游区聚集于东北角，包括潮关村、河西村、吉家营村、古北口村、遥桥峪村、小口村、令公村，共同组成传统村落集中连片发展区。长城文化带贯穿该片区，目前正依托古北口长城文化，规划建设长城文化精粹集中体验区。新规划的长城文化精粹集中体验区将涵盖一镇两村，即古北口镇和河西村、潮关村，打造差异化长城文化主题乡村旅游体验区，进行整体设计、整体开发，开拓新的国际精品旅游路线。[①]建议深入挖掘长城文化及与长城相关的地方民俗、历史传说、民间技艺、人物传说等无形资源，植入长城文化品牌，打造特色旅游区与长城文化精粹集中体验区，与密云现有旅游景区紧密联合，完善综合配套设施，提升核心景区品质，依托"边关长城文化品牌"建成京郊休闲旅游胜地。

5. 昌平延庆护陵文化体验区

昌平延庆护陵文化体验区是由万娘坟村、德陵村、康陵村、茂陵村、东门营村、柳沟村、榆林堡村、岔道村等构成的传统村落集中连片发展区。明十三陵每个陵均设有陵监村，村落世代传承，形成了现有的护陵传统村落。村落多传承方形街巷肌理，部分监墙遗址保存完好，村落内部分村民依然继承祖辈古建修缮技艺，形成了现有的古建修缮施工团队。无论从物质风貌还是人文技艺上，这些村落形成了护陵文化的独特风情，故设定为护陵文化体验区。伴随宫廷文化创意的爆发，建议创新研发护陵文化创意产品，打造特色的文化主题IP，推动村庄特色发展。同时依托主要陵园景区，开展旅游休闲服务业态，整合优化山水生态，同时发展精品休闲农庄，使乡村旅游向多层次、多业态、多场景延展。

---

① 北京晚报. https://baijiahao.baidu.com/s?id=16551427065551173013[N/OL].

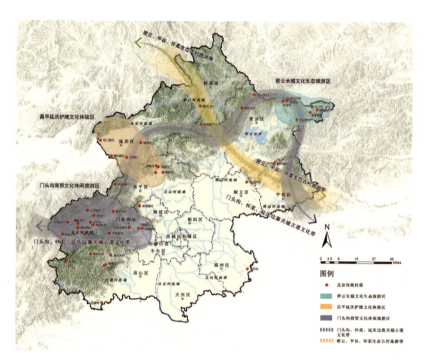

▲ 图5-3 北京传统村落发展规划图（行政边界审图号：京S（2021）023号；高程数据来源：地理空间数据云ASTER GDEM 30M分辨率数字高程数据；研究团队以此为底图绘制）

5.2 北京传统村落产业发展策略研究

5.2.1 传统村落产业发展总体目标与路径

1. 总体发展目标

目前北京市大多数传统村落产业发展尚处于初步阶段，诸多村落多位于山地及浅山区，交通多不便，基于旅游发展的基础与服务配套设施不完善，村落历史文化资源保护多依托政策保护资金支持，保护资金缺口较大，但大部分区县及村集体都表明了旅游开发的未来发展期望。传统村落的保护与发展并不是矛盾关系，而是相互促进的关系。北京市传统村落的发展应在严格保护村落传统资源的基础上，采取切实可行的措施，积极发挥各项历史文化资源的价值，提升村落的发展能力，使历史文化资源得到有效保护与传承，人居环境得到明显改善，村民生活品质得到明显提高，从而形成村落保护与发展的良性循环。传统村落保护与发展的主要目标为：

（1）文化资源得到有效保护与传承。村落自然环境、整体格局风貌、传统建筑、历史环境要素等得到科学保护，传统文化得到有效保护与传承，村落的地域、民族、文化特色得到彰显。促进传统生产关系、宗族伦理、语言文字、民风民俗等社会文化的传承发展。

（2）人居环境得到明显改善。村落的水、电、路、通讯等基础设施基本完善，积极引导村民开展传统建筑节能改造和功能提升，改善居住条件，提高人居环境品质。

（3）发展能力得到提升。村落形成特色产业，为传统村落注入"造血"机能，吸引外出人员返乡就业，改善传统村落"空心化"问题；村民人均收入稳步增长，生活质量不断提高，民生状况进一步改善，自我发展能力进一步增强，形成保护与发展的良性循环。

2. 总体发展路径

传统村落应选择具有地方特色、传统历史文化资源结合紧密、生态环境友好的产业类型。就目前国内传统村落发展路径来看，伴随全民旅游热潮的到来，依托旅游产业的发展进而带动其他产业的融合发展是目前传统村落开发较为经典的路径之一。

传统村落的开发要以传承历史文化、保护生态环境、解决村民就业、促进经济发展、提升生活品质等多个要求为导向，促进传统村落的健康可持续保护与发展。总体要求可总结为以下几点：

（1）合理利用历史文化资源。依托村庄历史文化价值与特色，利用具有传统文化内涵的历史文化资源和非物质文化遗产，带动宣传教育、旅游服务、休闲度假、健康养老产业的发展。同时，注重对传统文化资源的展示与利用，通过视、听、体验等多种方式对村庄历史文化和民俗风貌进行全方位的展示，并提出展示与合理利用的措施与建议。

（2）注重生态环境的保护与利用。以保护村庄传统风貌和区域生态环境为前提，遵循实事求是、因地制宜的原则，充分优化提升第一产业，通过培育优选本地特色农林产品，促进精品农业与体验式农业的发展，同时带动土特产品加工业的发展。

（3）鼓励多元产业结合的发展模式。在充分挖掘自身价值的基础上，结合新形势下传统村落所在区域的发展定位，以优化提升第一产业、合理控制第二产业、鼓励发展第三产业为基本原则，村庄产业发展以一、二、三产相结合的模式进行。并通过与周边资源整合利用、联动发展的思路，进一步扩宽市场，逐步吸引外出村民回村就业，逐步改善传统村落"空心化"。

5.2.2 传统村落分类发展研究

传统村落业态发展指引以历史文化保护与村落持续发展为目标，对内卷型、静态保护型、均衡发展型、动态发展型传统村落提出分类指引，同时在同一类型的传统村落中综合研判其资源现状与发展机遇提出针对性的发展策略，并结合具体的典型传统村落提出具体的发展指引。

1. 内卷型传统村落发展建议

内卷型传统村落由于交通、资源等优势相对较弱，对其进行大量旅游投入的效益回报不可控，外部再投资的激发并不一定能够保证村落突破现有状态走向一个新的阶段，因此能否突破内卷状态是村落未来发展的核心问题。在无社会资本参与的情况下激发内生动力是突破内卷的关键。

建议开展"共同缔造"行动，提升村民的村落认同感，激发村民动力，自主开发建设村庄，培育具有自造血特性的、弱交通依赖度的产业。共同缔造的总体思路是以村民为主、问题导向为基本原则，尊重村民意愿和村庄实际，村民共同参与决策、共同建设、共同管理、共同评估建设效果、共同享受建设成果，通过对贫困群众扶志扶智激发内生动力，通过有限时间、有限资源投入，整治村庄环境、改善基础设施和公共服务设施、提升乡村风貌、发展特色产业等。此方式亦可参考台湾的"社区营造"，社区营造强调以空间为载体，以产业为牵引力，鼓励社区参与，不断凝聚人气，达到社会参与与村民自治的有机结合，重塑传统社区生命力的效果。

共同缔造的核心优势是节省成本，降低资金投入风险。住房和城乡建设部开展的共同缔造试点村的实践经验说明，通过村民投工投劳方式，基础设施改造人工成本降低约40%（仅给水工程一项预计节约资金约9万元）。建设原材料成本亦大幅降低，黑城村自发成立"共建小组"，50余人主动无偿上山采石，用于村路、巷路两侧环境美化。土关村利用每户门前对方的树枝秸秆和石材砖头等杂物废料砌筑挡土墙和做成菜园小篱笆，既废物利用清理了环境，又有乡土特色，此项目由村民自建，节约成本10万余元。

产业发展思路：建议以农业发展、民生改善、文化观光为主，促进内卷型传统村落可持续稳定发展。第一，建议此类传统村落未来的发展以农业型或观光型为主。第二，促进特色农业发展。此类村落一般生态环境良好，可通过农业发展在一定程度上促进村落发展。鼓励培育乡村农产品特色品牌，鼓励精细化、集约化、标准化生产，积极推广适合当地农业生产的新品种。第三，促进农旅结合发展，通过农业观光采摘游对接古村落观光游，形成产业互补发展，在最大程度上促进村落发展。第四，古村保护以静态保护为主，基于历史资源的旅游开发也多以原始观光为主，配以适量的旅游配套服务设施。由于开发风险较大，尽量避免盲目大规模开发。

Chapter 5
第5章 北京传统村落传承利用路径探究

◆ 内卷型村落的发展建议——传统农业型 表5-1

简述	资源利用方式	主要产品形态	适用情况
通过政策保护与划拨资金保护措施,保护修缮传统村落,维持传统村落的传承与延续	资源静态保护	村落原始状态呈现,伴随简洁的观光形式	村落区位闭塞,历史文化资源吸引力相对较弱。所在区县经济实力较为薄弱,开发动力不足

(来源:研究团队自制)

◆ 内卷型村落的发展建议——观光型 表5-2

简述	资源利用方式	主要产品形态	适用情况
以村落的独特风貌观光为主要吸引。一般以特色建筑群观光为主,辅以当地文化观光、民俗博览等	基于保护的展示	村落建筑观光,民居博物馆	村落建筑和环境特色鲜明、保护价值较高的传统村落

(来源:研究团队自制)

2. 静态保护型传统村落发展策略

静态保护型传统村落目前分为两种状态,一是村落整体处于原生态未大规模开发的状态,村落资源本底较好,文化内涵价值突出;二是村落在原有空间范围外进行增建,新建部分能够满足居民居住需求,原有空间进行完整保留。因此,在原有空间设施服务水平提升的基础上,可对文化遗产的景观价值进行再现。在拓展建设型村落原生空间与外围的衍生空间长期的交互发展中,保持了各自的风格和秩序,并在产业、文化与生态等多个系统中实现遗产资源的尊重与守护,良性协同,在促动对方生长的同时,也保持了自我的强化[①]。外围空间与内部空间融合,在政企协同开发的模式下具有特色型村庄的发展潜质。

第一,建议村落未来的发展方向偏向于观光型+度假型。第二,应依托自身优势,在做好保护的前提下,以展示、纪念等形式发展观光旅游核心系列产品,尽量将资源转化为强的旅游吸引产品。第三,在观光旅游的基础之上,可结合生态环境优势,引入休闲度假类项目。旅游发展不以规模为主要参考,而应以提升品质、打造高端旅游消费为主[①]。休闲度假类项目的主要客群为高端群体,追求休闲品质是此群体考虑的重点。同时,此类群体多以自驾游为主要旅游形式,具有较弱的交通依赖度。用古村落建筑的魅力、原住民的生活,吸引来人气,最终让这些游客落脚在围绕古村落而建的各类休闲体验项目中进行消费。第四,合

---

① 陶慧,麻国庆,冉非小,乔婧.基于H-I-S视角下传统村落分类与发展模式研究——以邯郸市为例[J].旅游学刊,2019,34(11):82-95.

理规划、发展与保护相结合，维持原汁原味、古色古香的古村风貌，对古村落人文环境和自然生态加以保护，对传统文化内涵进行深度挖掘，丰富旅游产品。

◆ 静态保护型村落的发展指导——观光+度假型　　　　　表5-3

简述	实际采用情况	资源利用方式	主要产品形态	适用情况
以原生态的村落风貌和民俗为主要吸引	一般出现在临近都市且村落风貌与文化传承良好的地方	部分功能改造，抓住自身优势，配套周边景点，以点带面活化利用	村落特色观光区、村落客栈民宿、度假山庄、野奢度假酒店	临近都市客源市场；村落环境和文化受破坏很小；保留传统的生活方式

（来源：研究团队自制）

3. 均衡发展型传统村落发展策略

均衡发展型传统村落的核心特点是保护与传承发展均较为均衡地稳步发展，但对于自带文化优势的古村来说，依然缺少发展的爆发力。村落的旅游发展多以观光为主，旅游的热度不足、文化影响力有限、设施配套服务的水平有待提升，对于传承发展来说亟需优化提升。核心路径包括加强农旅融合发展，推动休闲农业的联动发展。推动民俗旅游等文化体验产品的打造，依据客源市场及本身特点发展深度乡村体验产品，充分调动吃、住、行、游、购、娱六大旅游要素，充分阐释乡村风俗风情。

（1）推动农旅融合发展。整合土地，大面积种植，丰富种植品种；拓展、完善和提升农业旅游服务内涵和服务功能；制定完整的品牌营销策略，打造本地特色农业产业资源旅游的品牌。重点发展具有潜力、特色鲜明的农业园区，做精项目；"农业+"发展模式，包括以传统加工技艺为主导的产业和以绿色农业为主导的产业，通过规模化、链条化、园区化产业发展模式，形成有组织、有技术、有运营的现代化产业发展路径，其中现代农业园区一般包括设施农业、采摘农业、养殖业、果蔬种植加工、花卉苗木培育等。现代农业园区作为农业产业结构的重要调整形式，在实现高科技化生产、旅游发展的同时，还肩负着带动周边地区、促进经济发展的使命。

（2）强化旅游体验产品的开发打造。"旅游+"发展模式走项目策划建设路径，民俗依托型乡村旅游具有文化的原生性、参与性、质朴性及浓郁的民俗风情的特点，独具一格的民族民俗、建筑风格、饮食习惯、服饰特色、农业景观和农事活动等，都为民俗旅游提供了很大的发展空间。北京民俗旅游发展资源基础丰富，特点鲜明，区域性和民族个性较强，发展优势明显。同时，由于投资少、见效快，逐渐成为民族特色区经济发展中新的增长点和旅游亮点，得到当地政府的大力支持，也受到国内外旅游者的推崇，发展民族民俗村也是一种新兴的投资发展方式。

◆ 均衡发展型村落的发展指导　　　　　　　　　　表5-4

简述	实际采用情况	资源利用方式	主要产品形态	适用情况
通过政策保护与划拨资金保护措施，保护修缮传统村落，维持传统村落的传承与延续	适用于景区周边综合发展型	基于保护分区的不同强度的利用	村落建筑观光、民居博物馆、村落景区、村落客栈、商业业态度假酒店、民俗体验	临近较大客源市场；有较大的可利用空间和土地

（来源：研究团队自制）

4. 动态发展型传统村落发展策略

动态发展型传统村落应作为市县旅游开发的重点村落，以村落及周边景观资源为核心，推动村落旅游向景区化、旅游运营的专业化、文化IP化、泛旅游链条化等方向发展。建议发展前做好调查，进行科学旅游规划，避免出现项目重复建设、功能雷同的问题出现，造成项目间的恶性竞争。同时，优化项目结构，注重旅游产品创新，根据季节的变换更换旅游项目。一个成熟的旅游景区开发，门票收入只占总收入的1/8，应依托旅游，通过旅游业与其他产业的融合发展，打造泛旅游产业链，进行综合开发。

（1）塑造文化IP。在旅游发展到了一定程度后必须开展旅游文化IP的打造，以文化创意产业为吸引核，这是此类村落长远可持续发展的重要路径。通过文化提升途径，包括古村公仔、文化卡通人物、故事文创等手段，增强软文化的参与性、体验性、娱乐性和吸引力。通过深入挖掘文化内涵，通过节庆、民俗活动、大型剧目等形式，打造多样深度的文化体验和娱乐项目，增强游客的参与体验性。

（2）培育文化创意产业。通过政策促进文化群体、艺术大师、返乡大学生等创意群体进驻村庄，形成某一领域内重要的文化品牌符号。突出特色，打造精品，深挖文化内涵，运用前店后坊、居住区与商业区相结合的工坊社区发展模式将其引导成为文化创意产业带动型村庄。

（3）促进消费升级。实现休闲产业链的延伸与特色文化旅游产业聚集。使度假人口、旅游服务人口、常住人口等规模聚居，形成住宅、度假、养生、养老等复合多元化的产业格局，促进村落基础与公共设施、行政管理配套等的全方位建设，这一发展过程可概括为"吸引核+集聚核+产业延伸"。

◆ 动态发展型村落的发展指导　　　　　　　　　　　表5-5

简述	实际采用情况	资源利用方式	主要产品形态	适用情况
加强政府和市场的管控，结合区域资源分布状态及设施服务水平，适度调配村庄服务设施，优化资源结构	北京市已形成部分具有特色的发展模式	活化利用，品牌化，形象化建设	延伸文化旅游上下游产业链，农产品特色产品+文化旅游+休闲度假+教育科普多元发展模式，文化创意产业	旅游产业发展相对较为成熟，交通条件便捷，需要深入挖掘产品体系开发，整体产业结构优化，进一步提档升级

（来源：研究团队自制）

5.2.3　北京传统村落发展模式指引

为促进传统村落的保护与可持续发展，探索形成了多种发展运营模式。研究依据主导主体的不同，大致划分为政府主导型、社会资本主导型、村集体主导型、混合发展型四类。

调查显示，目前北京市大多数传统村落的旅游发展以社会资本主导发展为主。一般情况下，政府通过与企业签署10～50年的经营协议，将传统村落发展经营权转移给企业。由企业投资进行规划发展、宣传推广、客源组织和经营管理等。充分发挥社会资本市场化、专业化等优势，有效挖掘乡村服务领域投资潜力，拓宽社会资本投资渠道，保持农业农村投资稳定增长，培育经济发展新动能，增强经济增长内生动力[①]。门票收入由政府与企业共同分配，企业每年主要以村民社保补贴等形式返利于村民。有效解决传统村落保护中资金不足的问题，同时为村民带来稳定的收益。但是，单纯以社会资本为主导的发展模式，已存在一定的不足。主要利润流出村集体，地方受益较少，容易产生各方利润分配不均的冲突风险。同时在政府缺少管控的情况下，发展商追求短期利益，容易造成过度商业化的发展。

其次为政府主导型发展模式，由区（市）级政府主管部门通过财政资金投入的形式，统一推进传统村落规划、发展、管理等工作内容，经营权与管理权相统一。通过产业、设施、居住、生态空间的统筹规划，在促进经济发展的同时兼顾社会效益。但，此种模式亦存在不足之处，相较于专业化市场化的运营团队，政府主导的传统村落开发建设市场敏感度较低，管理运营理念不灵活，旅游产品更新往往滞后于市场需求，导致大量资金投入之后常因后期运营管理问题无法可持续发展。

---

① 农业农村部办公厅关于印发《社会资本投资农业农村指引》的通知。

村集体主导型由传统村落居民及其村委会作为直接利益主体，设立旅游发展公司，自筹资金，自主发展，经营权与所有权统一。传统村落的建设发展方向由村民共同参与制定，村民自主性强，外部矛盾较少。同时村民作为经营主体，参与村落建设发展及运营管理工作，能较有效解决当地就业，更利于长久发展。目前在缺少专业化的融资渠道及社会资本参与的情况下，村集体主导型发展模式存在资金有限、发展速度慢、管理经营非专业化、旅游创新和客源组织能力弱，见效比较慢等问题。

混合发展型是政府负责发展规划、制度设计和市场监管，企业负责投资建设基础设施、链接客源渠道，农户参与经营的"政府+企业+农户"多主体发展模式，该发展模式相较于单主体主导的模式，兼顾经济效益和社会效益，避免过度发展与商业化。不过也存在在组织管理实施中多头管理，经营协调较为困难等问题，需加强多方协调与规范化管理。

不同的发展模式适用于不同的阶段，不同发展阶段的传统村落可依据自身特色改良自己的发展模式，使之适应目前发展阶段的需求。故本小节的目的是结合村落发展运营典型模式探索多种可行的发展路径，以期为北京市传统村落的发展提供合适的发展模式指引。

1. **发展初级阶段的传统村落**

处于初始发展阶段的传统村落，资源状态原始，品牌影响力弱，服务配套设施不健全，建设投资资金匮乏。

以旅游发展为主导方向的传统村落，建议此阶段可通过招商引资的方式，以社会资本为发展主导。企业主导发展可相对容易解决资金不足的问题。企业的经营能力和管理水平也有明显优势，可促进村落发展提速，旅游成效更明显。

以遗产保护为主导方向的传统村落（国保单位），建议以市区政府为发展主体，政府统一投入，统一规划、发展、管理，可统一协调促进村落的保护。

2. **发展中后期的传统村落**

发展中后期阶段的传统村落，问题较为突出。一方面，前一阶段发展模式的弊端也逐步显现。政府主导或村集体主导发展的村落，由于对市场的敏锐度较差，所以旅游产品的发展创新能力较差，容易造成景点发展无亮点、竞争力弱、经济价值低等弊端。企业主导发展的传统村落，旅游效益已经凸显，由于村民获益较小，企业、村民、政府等各参与主体之间的利益冲突会逐渐加强。

建议旅游发展中后期的传统村落采用混合发展模式，由政府、企业、村集体共同占有村落权益，在运营管理角度分工协作，各自发挥自身优点，促进村落旅游健康可持续发展。这种模式，既能规避政府主导模式中政府不作为而较难紧跟市场经济发展浪潮的弊端，也能避免企业主导模式中无法有序管控商业、企业乱发展等现象。同时能够发挥三个主体的优势，比如法律的制定与执行、文物的抢救与保护、居民的搬迁都离不开行政的力量；而资金的投入、项目的经营又离不开市场；村落的治理，营造好客氛围，促进村落软服务的提升离不开村民的参与。

梳理混合发展模式实际组织框架，如图5-4所示。

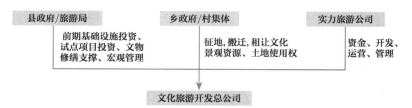

▲ 图5-4　传统村落混合发展模式（来源：研究团队自绘）

5.3 典型传统村落分类发展典型案例研究

5.3.1　榆林堡村

内卷型是原生村落的典型代表，有着传统乡土社会的一般特征。这类传统村落的乡民保持原有的生活秩序，外流有限，生产活动显著，但仅限于自给自足的小农经济或随着现代化异化出少许农村集贸活动；即使资源富集但由于区位劣势，投资成本高，几乎无外来投资，无根本性的社会经济变革行为；整个村落空间结构保持完整，未出现大体量的破败和损害。需要说明的是，对于内卷型村落的判断，依据的是村庄目前的传承发展情况，后期通过适宜的发展目标设定和合理的发展路径探索，可以挖掘出古村的内生价值，激发村落的内生活力，突破内卷的发展态势。选取位于昌平延庆护陵文化体验区的延庆区榆林堡村进行现状分析、发展策略研究。

1. 村庄现状

榆林堡村位于北京市延庆区康庄镇，地理条件优越，交通便捷，距京藏高速仅2公里。东有八达岭，西有康西草原，北靠野鸭湖国家湿地自然保护区，南临河北怀来县，距离北京市中心不过2小时车程，村内整体自然环境良好。榆林堡村历史悠久，始于西汉，兴于元、明。据史料记载，现存榆林驿是北京地区最古老的驿站之一。

村落经济整体衰败，外出打工人口较多。市区打工村民占23%，县镇打工村民占38%，当地务工村民占21%，当地务农村民仅占6%，8%的村民从事居委会委托的工作，4%的村民在村内经营小本生意。多数住在村里的人都靠务工为生，农业淡出村民生活。榆林堡村的产业单一，未借助自身特点发展旅游业，这与当前居住人口结构密切相关。

村庄人口老龄化、空心化现象较为严重。2019年村内总户数1075户，户籍人口1929人，常住人口910人，占户籍人数的47%，男女基本均衡，55岁以上老人占比51%，老龄化现象明显。基础设施配套尚不完善，没有统一的商业配套，商业服务由流动店铺和一些小卖部提供。教育、医疗、文体设施都不完善。

历史文化保护方面，历史建筑由2004年的141处减少到2017年的57处，递减率59.6%，此外，经恶劣天气毁坏废弃的老房子有13处，占9%。

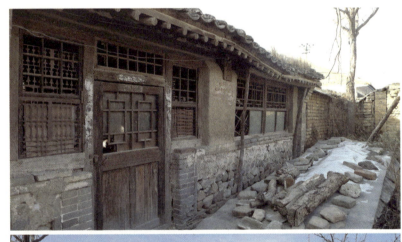

▶ 图5-5 榆林堡村古建筑保存现状（来源：研究团队袁静琪摄）

在产业发展上，仍以单一的传统农业为主，而没有发挥自身特色，融入科普教育、生态观光、休闲度假等产业功能，村民收益较低，产业发展动力不足。文化特色缺乏挖掘和梳理，传统村落的历史文化价值未得到充分展现。呈现出内卷型村庄的特征。

2. 特色挖掘

榆林堡村东临八达岭长城，西接康西草原，北靠野鸭湖国家湿地自然保护区，延庆区优质的自然旅游资源均在本村半小时经济圈内，自然生态本底优越。历史上有"榆林夕照"之美景。榆林堡作为驿站要追溯到元代，在元代盛行驿传系统，并在大都城设有12个驿站，其中榆林堡驿站就是十二站中重要的驿站之一。历史沿革见图5-6。

长城文化——榆林堡是明长城军事防御体系中重要的组成部分，是长城价值的核心体现。明代为抵抗北方少数民族部落的侵扰，修筑万里长城及其军事防御体系，按都司卫所的军事制度，堡作为最基本的屯兵单位而设立。榆林堡就是八达岭长城附近重要的军堡，现存古城墙为明长城军事体系重要的组成部分。榆林驿是以驿站为城，是城中驿站，具有防御功能。八达岭为拱卫京城的雄关，而榆林驿是八达岭的前哨，作为军事信息传递的重要环节，是长城戍边堡寨的其中之一，是增强长城防御性的重要屯兵聚落。

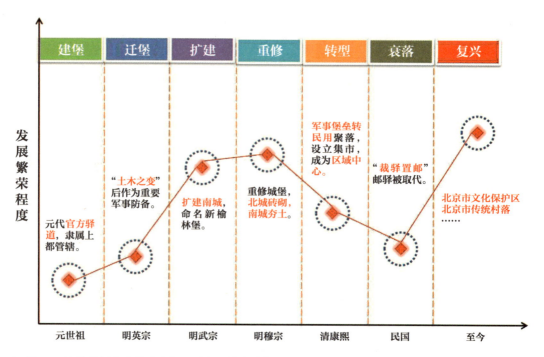

▲ 图5-6 榆林堡历史沿革（来源：研究团队自绘）

Chapter 5
第5章 北京传统村落传承利用路径探究

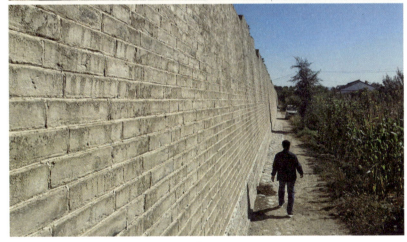

▶图5-7 榆林堡村古城墙遗址（来源：研究团队袁静琪摄）

邮驿文化——驿站规模较大，车马众多汇集于此，形成军事、信息、商贸中心。榆林驿是元、明、清时期京北交通线上的重要驿站，榆林堡城古驿站遗址是北京地区现存最大的古驿站遗址。清代后，随着长城的军事防备作用逐渐减弱，榆林堡开始从军事堡垒转型为民用聚落，逐渐发展成商贸型驿站。

"凸"字形古堡、"十"字形街巷，层次丰富——榆林堡现拥有目前北京地区现存最早、保存最完好的古驿站遗址。城内存有"凸"字形内城夯土城楼和部分城墙，南城为土城，呈长方形；北城由砖包裹，为正方形。故又称南北城为土城和砖城，整体格局与北京城十分相似。村内历史街巷系统较为简单，南城的"人和街"为一条东西走向的主要道路，与南北走向贯穿村落道路"十"字形街巷，并承担了村内交通、商业、活动等主要功能。次要道路与支路组成鱼骨状道路结构，均从主路引出。榆林堡村是中国北方传统堡寨式聚落典型的范例。

▲ 图5-8　榆林堡村"凸"字形古堡（来源：研究团队自绘）

3. 传承发展策略

研究结合村落文化特色和发展机遇，以全国军堡邮驿文化旅游特色村、北京市乡村旅游示范村、延庆区文化旅游品牌村为发展目标。以"邮驿文化"为主，"军堡文化"为辅，结合"商贸文化""民俗文化""马文化"，打造"京北榆林古驿"的文化名片。

一是配合区域发展，迎合客群市场趋势。榆林堡村需配合区域发展，抓住机遇，加强建设休闲文化产业，促进区域产业转型。具体来看，榆林堡村应借助历史文化资源优势，注重打造以军堡、邮驿为基础，以周边自然风景区为依托，以榆林堡村为核心的军堡邮驿传统文化。在此基础上，促进军堡文化、拓展体验、邮驿文创三大模块联动发展，逐步将其打造成为中国最具体验价值的军堡邮驿文化传统村落以及京北邮驿军堡文旅目的地。二是挖掘文化特色，促进产业功能提升。榆林堡村要依托独特的历史文化资源实行"文化产业化"发展战略，即以打造特色传统村落休闲旅游胜地为目标，进行文化创意产业孵化、文化旅游产品开发和文化主题民宿建设。具体发展思路如下：

推动打造军堡文化片区，通过恢复、修缮、提升榆林堡内的传统建筑和院落，进行功能置换，将军堡文化展示场所融入历史建筑及重要历史场所，将军堡重新赋予了邮驿文化、长城文化、宗教文化等多元文化融合的氛围，片区内以军堡观光为主，兼有历史文化教育功能，提供给游人最真实的场景式观光体验。

探索打造合院休闲民俗片区，通过对邮驿文化的挖掘，恢复明清时期榆林堡繁荣的驿站情景，选择以传统四合院为组合空间，打造合院式酒店。内部装饰以官式风格为主，以精品民宿群为整体进行功能提升。同时还原茶肆、酒铺、食斋等特色餐饮，丰富片区功能。形成高品质的旅游服务设施，满足到此以及周边景区进行观光体验的游客的接待服务需求。

创新培育民俗体验与文创区，依托榆林堡民间歌曲、手工艺术、特色庙会、特色饮食等多种非物质文化遗产，打造多元化民俗体验式的旅游产品，提升村庄旅游综合吸引力。通过恢复人和街的互动性增加整体商业氛围，并且通过对传统民居的改造利用，开发特色民宿，让传统民俗文化可以被参观、被体验。同时设有驿马剧苑，定期播放与邮驿以及马相关的影音剧目，也可承接相关文化活动，以弘扬榆林堡的驿马文化。拟以联合大学生创业办公孵化空间为载体，打造为早期创业者提供创业及生活、社交等全方位服务的创业社区。有效挖掘邮驿文化，通过文创孵化、"互联网+"文化、文旅融合等方式，促进邮驿文化产业化。文化传承与产业发展项目设计如图5-9所示。

需要说明的是内卷型村落引入外来资本的可能性较小，且风险也较大。因此产业的设想和愿景只是其中一环，此类村庄更为注重的应该是实施运营。建议村庄在前期开发的过程中以村民为核心，推动村落建设的"共同缔造"，更有利于前期聚焦于改善民生的现实需求，同时降低发展建设成本。

▲ 图5-9 榆林堡村传承发展项目布局设想（来源：研究团队自绘）

5.3.2 马栏村

马栏村为静态保护型村落。对于处于静态保护状态的村落,推动保护与传承利用双向激活是下一步的重要方向。在保护乡村的自然生态格局和景观,以及那些有价值而又不可再生的传统文化资源的同时,如何改善村民居住环境、提高村民生产生活水平、促进农村经济发展成为亟待思考和解决的问题。研究以马栏村为例,探讨保护与发展的均衡化可能性。

1. 村庄现状

马栏村位于北京市门头沟区斋堂镇,距斋堂镇政府5公里,距北京市区约90公里,约2小时车程。斋堂镇依山傍水,地势险峻,战略地位十分重要,早在汉代即为重要的军事隘口,为兵家必争之地。明代马栏作为圈放马匹之地以供军需,故名马栏村,并逐渐发展兴盛。马栏村地处太行山脉,群山环抱,自然生态条件优越,北近斋堂水库,东与双龙峡自然风景区(AAA级)仅一梁之隔。村域内拥有市级森林公园——马栏林场,环境优美,气候宜人。

▲ 图5-10 马栏村全景图(来源:马栏村村委提供)

村落现有市级文物保护单位1处，区级文物保护单位2处，不可移动文物点1处；挂牌历史建筑14处，包括冀热察挺进军挺进军十团弹药库、枪械所、通讯站等；另有过街桥、防空洞等历史环境要素，整体的保护情况较好。

村庄的经济发展情况较为波折，2001年国务院贯彻关井压产政策，马栏村煤窑全部关闭，大量劳动力失去就业机会。依靠政府养山护林政策和享受低保政策是农民收入的主要来源。近年来，虽开展了以红色旅游为核心的开发，但以观光为主，整体影响力尚弱。早期的煤炭资源开采也带来了废弃矿坑等诸多生态遗留问题。

2. 特色挖掘

红色文化——马栏村是门头沟区成村较早的军户村落，为平北、冀东抗日中心，是研究中国抗战历史重要的物质载体。斋堂镇是北京郊区第一个抗日根据地和第一个抗日民主政府的诞生地，是平西抗日根据地的中心，是平北、冀东抗日战场的大后方和大本营，有"北京延安"之称，而马栏村则是抗日中心的中心。1939年冀热察挺进军在马栏成立司令部。

古建文化——马栏村村落传统建筑、历史街巷等物质文化资源保存完整,历史层次丰富,是研究京郊山地地区传统村落发展演变的典型代表。传统建筑受京城文化影响,在建筑总体型制上为京派风格,延续北方传统民居建筑特色,色调古朴淡雅,落落大方。院落布局上,马栏村院落布局以北京四合院为基本型制,对称布置,封闭独立,内部庭院开敞,成"口"字形结构。顺应山地地形变化布局朝向,以南向、东南向为主。

3. 传承发展策略

基于古村文化特色,古村应以红色文化为主题,以生态环境为支撑,以"人"的需求为核心,营造生活化、精致化的红色乡村旅游体验,打造"东有焦庄户,西有马栏村"的京郊红色品牌。推动培育红色观光纪念区、红色拓展体验区、农业观光体验区。

◀ 图5-11 马栏村古建筑群(来源:研究团队田家兴摄)

Chapter 5
第5章 北京传统村落传承利用路径探究

红色观光纪念区将旅游模式由传统的红色观光纪念转变为红色生活体验。改善提升冀热察司令部陈列馆功能，实现数字化配套，引入虚拟沙盘部署体验等数字功能，改善静态展览，将室内陈列生活化。创意开发运营观演舞台剧，话剧还原震惊全国的"马栏事件"及其他抗战生活剧，同时配套电影放映展场，还原红军文艺娱乐生活。打造革命之路，征集老红军肖像、照片、手印、脚印等，结合鲜花绿化，打造红军印迹墙和革命之路。

红色拓展体验区将旅游模式由传统的红色观光纪念转变为红色拓展性体验。依托村南的林地山丘，复原红色政权操练基地。抗战指挥部：负责组织游客，自愿报名参加整编，开发为期一到两天的红色拓展训练项目。红军操练场：融合红军操练场、场地拓展、红歌基地、红军屋等实景体验，打造红色政权操练基地。实战演习区：设置战壕CS抗战基地，增强红色体验的趣味性。拉练基地：串联拓展基地与马栏森林公园，设置山野穿越、陡壁爬绳、儿童拓展营、红军耕种等拓展项目。

▲ 图5-12 马栏村功能和项目布局设想（来源：研究团队自绘）

农业观光体验区依托现有的核桃园、向日葵、山菊等特色种植，开展村域鲜花美化、核桃采摘、向日葵子采摘等农业观光体验活动，打造观光体验新村。观光体验新村：采用当地鲜花绿植向日葵、山菊花等，美化马栏村庄，特别是新村村口美化，营造优美的生态环境。核桃采摘园：引入农业采摘，丰富旅游品类。

5.3.3 苇子水村

对于均衡发展型传统村落，其核心依然是传承的力度不足，文化旅游的影响力有限，发展波动较大，旅游的淡旺季较为明显，同时在旅游业态上依然以观光为主，旅游配套服务水平不高，旅游产业链的拓展延伸是下一步发展的重中之重。研究以苇子水村为例，试图探讨如何通过产业链的优化推动村落传承利用品牌升级。

1. 村庄现状

苇子水村位于北京市门头沟区雁翅镇，芹高公路（芹峪口—高崖口）从村西穿过，交通便利。村落四面环山，山清水秀，风光秀美，气候宜人，南有九条山脊都伸向低谷的村里，被称为"九龙八盆"。村落地处生态涵养旅游区核心位置，依旧保存着原生的生态环境，村落顺应山势，以西山古道、灵泉河道为骨架，呈鱼骨放射状布局，街巷尺度宜人。院落沿坡地错落分布。现保留有46座明清四合院，有5座基本完好，传统风貌保存完好。村内多处石桥古朴恬静。民俗文化符号多样，其中苇子水村秧歌戏至今已传八代之久，为市级非物质文化遗产，极具观赏价值。

村落现以居住为主，公共服务设施配套不足，闲置用房较多，公共绿地、开放空间较少，缺少医疗卫生、文化体育等村庄公共服务设施。

苇子水村拥有耕地960亩，林地620亩，荒山12388亩，苇子水村经济为多种经营，以农林业为主，其耕地为旱地，种植玉米、豆类等杂粮。林果以香椿、核桃、枣为主。此外还有食用玫瑰、花椒、柿子等，盛产"红头香椿"。2016年全村经济总收入1511.5万元，其中集体收入76.5万元，服务业430万元，交通运输业500万元，农业4万元，畜牧业15万元，批发零售业6万元。

2. 产业发展策略

借助苇子水村的资源优势，打造以山、水、田、村为基础，以古村自身资源为依托，以农业为核心的田园农耕文化。

▶ 图5-13 苇子水村村落环境（来源：研究团队郝静摄）

路径一：开创"彩虹农业"新路径，打造门头沟乡村农业发展新模式。培育乡村自造血产业空间。目前的农业已经不是简单的种养殖农业，而是一个融合了传统农业、工业、服务业三大产业于一体，拥有自造血功能的综合多元化复合型产业。"彩虹农业"概念：在现有农业基础上充分挖掘特色、大胆创新，通过大地景观，如玫瑰花田、彩色森林等多种形式，形成特色农业产业。

路径二：一、二产联动，延伸产业链。助推农业种植向生态农品深加工迈进，提高农业附加值。打造循环农业体系：推动村落原有滞后的农业体系，跨越式发展。除了通过将食用玫瑰深加工为主体食品外，废弃渣可以发酵为有机肥，饲料等可再循环到种养殖业。同时，通过与科技机构、生物企业、创意企业的联合，提高农品利用率。

路径三：农旅融合，探寻新突破口。从农业角度拓展旅游，突破古村旅游传统范式，打造主题农业旅游，跨越式培育休闲农业。单纯通过古村旅游已无法全力推动苇子水村的发展。农业旅游目前还处于初步的观光阶段，必须通过农业公园、亲子农园、休闲农庄等新兴形式，把农业生产、科技应用、艺术和游客参加农事活动等融为一体，跟上节奏，进行跨域式农旅融合。

整合古村观光、农耕创意、农事体验、农业观光四大产业模块联动发展，全力培育古韵文化观光区、精致农业体验区、山地特色农耕区、本土生活原住区，打造京郊浪漫古村、山地农业综合体。

山地特色农耕区，以红色农作物（玫瑰、红头香椿、月季、红色瓜果）种植为核心，包括玫瑰种植基地、红头香椿种植基地、红色瓜瓜世界、红果大观园等子项目，以主题农业种植、科普教育、亲子旅游、休闲养生为核心，打造红色农业主题基地。同时，塑造1到2个主题农业强点：以特色鲜明的主题贯穿乡村农庄，构建"1+6+x"的主题农庄架构模式，即一栋农庄建筑提供接待、服务、住宿功能，实现核心盈利点；花园、树园、果园、田园、菜园、牧园六种配套农庄项目，发展观光体验、采摘、认养、手工食品、标本制作、生态教育等项目。

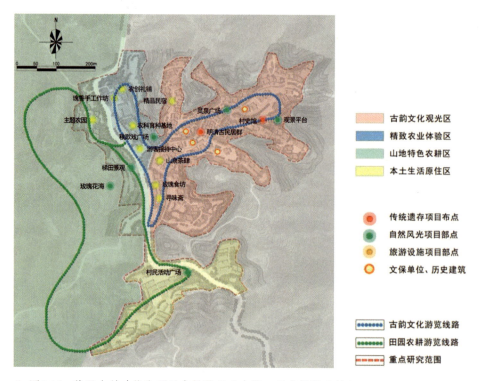

▲ 图5-14　苇子水村功能和项目布局设想（来源：研究团队自绘）

精致农业体验区，以玫瑰农创为核心，培育创意玫瑰食品、创意玫瑰手工艺品、村落品牌伴手礼等，提升苇子水村红色农业主题品牌和附加值。探索开发玫瑰主题的食品，包括玫瑰红糖、玫瑰月饼、玫瑰花茶、玫瑰饼、玫瑰巧克力等产品，通过植入体验功能，以流量带动产品销售。

古韵文化观光区，以苇子水村现存的古建筑为载体，以秧歌戏、民俗文化等为提升，开展文化观光、体验产品系列，供大众游客了解苇子水古村的历史遗存与原生态民风民俗。提升主街功能，展示苇子水古村特色餐饮、特色美食、特色文化的核心观光街区，打造玫瑰食坊、寻味斋、山泉茶肆等若干商业项目。

3. 空间发展策略

坚守村落保护底线，稳步推进和谐发展。严格按照《北京市门头沟区雁翅镇苇子水村传统村落保护发展规划（2017-2030）》划定的保护区划实施保护和控制，保护苇子水村真实的历史文化遗存，保护当地传统民居建筑群特色风貌，延续传统村落的历史格局和原住民的传统生活习俗。同时适应北京市、门头沟区、雁翅镇的总体发展，协调保护与发展关系，使保护带动发展，以发展反哺保护。挖掘文化资源价值，满足村落发展和居民的生活需求，形成以生活居住、农业综合发展为主要职能，集中体现京郊地域文化、农耕文化特色为主要内涵的传统村落。

统筹落实用地指标，全面保障发展落地：北京市总体规划提出减量规划，并在规划中要求级级落实。苇子水村在现状用地中无"三高一低"产业用地，结合未来的发展需要，可充分利用村内闲置的建设用地，增加村庄产业和公共设施用地。同时为给苇子水村未来发展留有足够的弹性空间，根据《自然资源部办公厅关于加强村庄规划促进乡村振兴的通知》要求，"探索规划'留白'机制"，即村庄规划中可预留不超过一定量的建设用地机动指标，特定功能的村庄建设用地可申请使用。结合村庄发展的现实需要，可将原有较适宜建设的村域建设用地和村庄内地形有一定高差的闲置建设用地，规划为"待深入研究用地"，为未来村庄发展公益设施、文旅设施或新兴产业预留空间，高效配置土地资源。

加强人居环境整治，坚持践行绿色发展：公共服务设施和基础设施严格按照北京市和门头沟区的配套标准，同时结合村民意愿，在苇子水村建设如卫生室、文化室、生态停车场等，适当增加广场、绿化用地。同时利用现状住宅，将其功能提升为复合功能，改造为文化、教育、商业、公共场所。提升村容村貌，丰富入口、节点和街巷景观，提高村民生活品质，促进苇子水村绿色发展。

5.3.4 琉璃渠村

1. 村庄现状

琉璃渠村,原名"琉璃局"村,北京市门头沟区龙泉镇下辖村,位于京西龙泉镇域北部,村东有城子大街和京门铁路通过,村南有丰沙铁路和大秦铁路通过。

琉璃渠村背靠九龙山,面临永定河,依山傍水。整体格局清晰,平面呈扇形,分布于永定河左岸的冲积平原上。村落整体空间格局并非依照严谨的棋盘状网格,而是依赖自下而上的"自组织"方式,进而形成以西山古道、后街及妙峰山新南道为骨架,以南北向辅路为分支的网状布局。村落各街巷的组团中既有规模宏大的邓氏宅院、琉璃厂商宅院等院落群,也有小巧精致的李氏宅院和三官阁过街楼。琉璃渠村以烧制皇家琉璃闻名,其琉璃烧制技艺为国家级非物质文化遗产。

琉璃渠村现有1003户,常住人口1892人,公共服务设施较完善,主要包括村委会、居委会、卫生医疗站、公共浴室、文化活动中心、琉璃渠小学、村史馆、健身场、旅游咨询站。临近门头沟城区,当地劳动力大部分在城区就业,少部分在北京中心城区就业。由于外来人口流动频繁,当地出租房特别多,就业较为混杂。导致村内现状各项基础设施较差、多处老建筑缺乏修缮甚至被迫闲置。

琉璃烧制技术是琉璃渠村的名片。这里曾经是明清时期的皇家窑厂,生产的琉璃和相关建筑构件专供皇家建筑使用,琉璃渠生产琉璃瓦的工艺和标准也因此成为最高质量标准,21

▲ 图5-5 琉璃渠村山水格局(来源:中国传统村落数字博物馆网站)

世纪初依然为天安门、北京故宫、北海公园、颐和园、雍和宫等文物古迹提供建筑用琉璃构件、琉璃装饰品。但因为琉璃的市场需求急剧缩减以及污染问题，琉璃厂已被迫关停，琉璃制造技艺面临着后继无人、濒临失传的困境。目前琉璃渠的产业以旅游业、果树种植业和养殖业为主，但后两者因腹地所限不合适大规模发展，而旅游业也未得到明显发展。村内较难提供足够的就业机会，本村青壮年人口不得不选择外出打工，一半左右居住者是在附近上班打工的非农人口或外来人口。

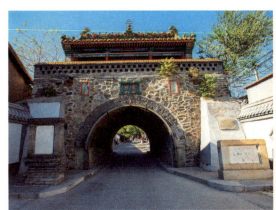

▲ 图5-6　琉璃渠村琉璃装饰特色建筑（来源：中国传统村落数字博物馆网站）

2. 产业发展策略

关于未来的发展，村落编制了琉璃渠村发展规划，提出了发展独树一帜的琉璃文化景区的发展思路。村庄应以打造具有全国知名度的独具特色的琉璃文化为核心定位。为达到此目标，应突破原有的以旅游开发为核心的发展思路，通过琉璃产业拓展、琉璃文创延伸、琉璃主题园打造、琉璃文化景观全村打造等多途径、多体系共同打造琉璃村。

促进琉璃产业的规模化，注重品牌营销。坚持"低消耗、低排放、高效率"的原则，稳步发展主导产业琉璃烧造业，加大产业技术改革和产业结构调整，关闭所有煤窑矿场，整合本村琉璃烧造厂，寻求与烧造研究单位合作的机会，促进烧造工艺的改进，创新琉璃产品，适应多样化的琉璃市场需求。

完善设施建设和配套，打造琉璃文化景区。可在村前广场修建琉璃故事墙，恢复、重建琉璃渠商街古道，重现古道的繁荣。商街两旁的古店铺、庙宇等也要修缮恢复起来，并用琉璃瓦加以装饰，以凸显琉璃渠独特的琉璃文化特色。整个村落的景观也有待整理和规划，以实现琉璃文化展现的目标，同时，还有必要修建一些宾馆、饭店，以提供足够的接待能力。

促进琉璃文创工艺产品的研发创造，延伸产业链条。积极研发琉璃工艺品，促进琉璃制品小型化、精品化发展，以使琉璃工艺品打入旅游商品市场，将产品进行一定档次的包装，并配以详细的说明，既增加了产品的附加值，又传播了中华民族的琉璃文化。

依托现有产业和资源优势，推动融合升级。结合该村实际将一产和三产有机结合起来，发展农业观光旅游业，辖区已建丑儿岭农业观光园及百果园两处农业观光园。以绿色农业为基础，构建集农业种植、农业观光、休闲度假、销售为一体的新型农业生产经营业态活动。大力发展林下经济，在木本植物下套种小杂粮，改善生物多样性，提高农业的综合效益。

▲ 图5-7 琉璃渠村琉璃烧制工艺品（来源：中国传统村落数字博物馆网站）

3. 空间发展策略

保护村落琉璃光彩，探索城镇融合发展。严格按照《门头沟区龙泉镇琉璃渠历史文化名村保护与发展规划》划定的保护区划实施保护和控制，保护琉璃渠村真实的历史文化遗存，保护文化生态，发挥琉璃渠村原有文化符号和标志性建筑的作用，保留村落特色风貌，传承传统村落文化记忆，延续村落文化脉络，探索在城区迅速发展背景下，琉璃渠村保护优先的融合发展。

助力门头沟城区发展，推进琉璃渠文化复兴。将符合《自然资源部办公厅关于加强村庄规划促进乡村振兴的通知》要求的"探索规划'留白'机制"用地，划为"待深入研究用地"，积极落实门头沟区重点项目建设，谋划琉璃渠未来产业发展，加强村民回村就业和创业引导，共同实现村落的文化复兴和振兴。重塑建筑空间风貌，丰富村庄活动功能。以《门头沟区龙泉镇琉璃渠历史文化名村保护与发展规划》为依据，村庄内新建及改造建筑延续村庄的传统风貌，体现本地区特色。通过对村庄整体格局、街巷肌理、民宅建筑等进行风貌控制，丰富村庄入口景观，打造绿化景观核心，实现村庄环境整治、绿化美化，提高村民生活的环境质量，突出村庄特色。

附录：北京市传统村落基本概况梳理

序号	村落		传统村落基本情况概述
1	门头沟区斋堂镇爨底下村	周边环境	爨底下村选址于太行山脉的深山峡谷之中，其发展得益于明代修建的古驿道，该驿道是京西贯穿斋堂地区西部东西大动脉最重要的古驿道。现爨底下村古建筑群为全国重点文物保护单位
		格局风貌	村落随着龙头山南缓坡山势错落而建，整体呈扇形放射状布局。鸟瞰全村，形如"元宝""葫芦"，取意"金银""福禄"。随山势高低产生上下两条平行的主干道，垂直方向有四条随山势缓坡而下的道路沟通街巷
		传统建筑	爨底下村全村有院落七十余座，五百余间。宅院多为进深空间小，甚至出现了缺少南房的三合院，更有共用围墙的院落，多是由正房、东西厢房、倒座组成。位于山路拐角处的围墙以弧形院墙存在，围墙不再是标准正方形
		传统文化	爨底下村重视耕读和伦理教化，民间习俗活动始于明代中期，盛行于清代和民国初期，至今已有近五百年的历史
2	门头沟区斋堂镇灵水村	周边环境	灵水村处在北京西部深山之中，三面环山，头南尾北。该村完好保存了大量明清时期的寺庙、民居等建筑。明清科举制度下，村内先后出了进士、举人、监生多名，被称为"京西举人村"
		格局风貌	灵水村主体部分近似圆形，村内街巷以砖块铺就。村中南北向有一条主轴线，原为从南向北前后贯通的五座四合院，中轴线两侧排列形制规整的二、三进四合院，组成酷似龟背上的纹路
		传统建筑	村内房屋多半保留着明清时期的建筑风格，以四合院为主，住宅建筑规模相对较小，布局随山势。建筑形式基本为硬山清水脊，板瓦，石望板，五架梁，四角硬，磨砖对缝。门楼规制严格，建筑精良，影壁装饰华美，构思巧妙，门窗造型多样，题刻典雅质朴，意蕴深长
		传统文化	灵水村京西太平鼓被列入国家级非物质文化遗产项目，举人节、秋粥节、蹦蹦戏、转灯节等列入区级非物质文化遗产项目。此外灵水村有一风俗，每到立秋，全村共喝"举人粥"，为的是纪念刘应全与其子刘懋恒两次捐粮赈灾救济灾民万余之义举
3	门头沟区斋堂镇黄岭西村	周边环境	黄岭西村为典型的山地村落，四周群山环绕，地处三条山岭包围的沟谷地带，谷底有泄洪河道穿过。有诸多的文物古迹和传说故事，村域内有清泰寺遗址、灵泉庵、菩萨庙、古井、古桥等文物古迹
		格局风貌	村落成人字形分布，谷底天然的泄洪通道布置成了村内的主干道。主干道宽约4~7米，现为块石铺就而成。次干道多为垂直等高线布置，在较陡的地段与主干道交接时沿主干道增设坡道

续表

序号	村落		传统村落基本情况概述
3	门头沟区斋堂镇黄岭西村	传统建筑	民居建筑院落多为一进的三合院、四合院。大多院落随山就势，单体建筑开间、进深较小，大多厢房面阔两间，正房三间。建筑形式多为硬山、合瓦屋面。砖砌筑墙体，局部抹灰罩面，山墙开窗洞；建筑门窗形式多样，主要有：步步锦、正方格、马三箭等
		传统文化	黄岭西村现还保留着《山梆子》《蹦蹦戏》等戏种，目前村中有传人王希礼、曹殿平、刘志兰、宋良芹、大亮等人，剧目有传统的，也有现代的。黄岭西村是抗战模范村，组成了青史留名的"黄岭西排"，充分体现了平西抗日革命文化
4	门头沟区斋堂镇马栏村	周边环境	马栏村地处太行山脉，群山环绕，北近斋堂水库，西临西达摩景区，东接双龙峡自然风景区，所处区域景色宜人。村落建在沟谷北侧缓坡上，北部山峰顺势展开，形成天然的屏障阻挡北部严寒，南部的山脉舒展开阔
		格局风貌	村落顺山势而建，以龙王庙为中心，可分为南北两部分。南部村落顺水而筑。北部受山势影响，基本沿等高线方向修筑，高低错落。街巷分为树状形态和网状形态。街道原铺装材料为石材，仅存于局部的入户道路以及一些院落中
		传统建筑	马栏村传统民居以一进四合院为主。村子里建筑形式为硬山合瓦屋面。建筑装饰以雕刻艺术为主，包括砖雕、木雕和石雕。砖雕题材为花草和禽兽；木雕题材以花草居多，雕刻手法以透雕居多；石雕雕刻位置多在建筑两侧墀头，雕刻图案精美细腻
		传统文化	马栏村是平西抗日根据地堡垒村和英雄村，八路军冀热察挺进军司令部所在地。冀热察挺进军司令部旧址、挺进军十团团部旧址被列入文物保护单位名录，并自组织建设村级抗战陈列馆，红色革命文化突出
5	门头沟区斋堂镇沿河城村	周边环境	沿河城村始建于明代，古为边关要塞，是内长城链上重要的军事枢纽，挟山口水口屯兵防御，为京师西部之壁垒。因地处深山峡谷，保存基本完好，村内历史资源主要包括沿河古城、敌台、京西古道、柏山寺、老君堂、圣人庙等
		格局风貌	沿河城村作为军事要塞，建有城防工事，整个村落被城垣包裹其中，其防御特性使其村落形态便于城墙环护，整村呈现内向化的集约式布局。村落内地形变化比较平缓，房屋排列沿等高线方向布置，房屋高差较小
		传统建筑	沿河城村的传统民居以三合院和四合院为主。屋顶基本为硬山，青石板、瓦石望板。一般正房三间，略高于厢房及倒座。东西配房二至三间不等。主街沿街两侧原来有高台阶的店铺门面多已封堵，失去原有的商贸功能
		传统文化	沿河城与敌台为国家文物保护单位，沿河城村地处边城要塞，是塞外通往北京的要冲之一，军事文化独树一帜

续表

序号	村落		传统村落基本情况概述
6	门头沟斋堂镇西胡林村	周边环境	西胡林村东面与东胡林村马涧沟接壤，北面隔河与灵水村相连，西北面以清水河为界与高铺村相望，西面隔杨家峪沟与火村接壤，南面以西岭、大南梁为界
		格局风貌	古村街弄四通八达，犹如蝎子形。以村大队为核心，通过3条弄口向外辐射，再由大小三十余条弄口连接而成
		传统建筑	西胡林村传统风貌建筑以明、清时期石德堂、万隆店等商业店铺为主，形制为三合院、四合院，其中仅四合院就有五十余处，最具代表性的是石德堂，由前院、后院和大西院构成，三院有过道相通，故称"连三处"，同时贞节匾和戏台等特色突出
		传统文化	传统文化以婚俗、丧葬及春节、中秋节、端午节等民俗文化为主，在传统商贸文化发展中铜匠、铁匠、打麻绳、烧砖瓦、荆编、剪纸、酿造醋等传统工艺传承良好
7	门头沟区龙泉镇三家店村	周边环境	三家店村位于山区平原交界处，永定河从西南流过，北侧依山为屏
		格局风貌	三家店村沿永定河呈带状分布，以中街为轴展开，重要建筑多集于中街两侧。中街宽约5米，是该村的主干道，也是村民交往、商铺经营、往来交通的主要场所。街两侧多为前店后厂的铺面房、大型院落和庙宇。为防止永定河泛滥，街道两侧地坪较高，出门以台阶与道路相连
		传统建筑	村中的商务会馆、龙王庙宇、古四合院等建筑具有浓厚的京西地方特色，古民居建筑多为一进院或两进院，屋顶形式以硬山顶为主，青石板、瓦木望板，建筑装饰以石雕和砖雕为主，木雕为辅，工艺价值较高
		传统文化	太平鼓、太极拳、小车会、蹬高跷、地蹦子等民间文化活动形式多样，其中三家店村太平鼓是京西太平鼓的重要组成部分，已入选国家级非物质文化遗产名录
8	门头沟区龙泉镇琉璃渠村	周边环境	琉璃渠村位于北京大西山与小西山的交界处，是永定河冲积扇的顶点，是山区与平原的结合部，琉璃渠村三面环山，呈半圆形，村东有古水码头联系两岸。村域地形西高东低，文物古迹众多
		格局风貌	空间格局以西山古道、后街及妙峰山新南道为骨架，以南北向辅路为分支网状布局。村落主要遗存的历史街巷有南侧的前街和北侧的后街。东侧的过街楼、西侧的关帝庙和北侧的万缘茶棚在整体布局中起到限定边界与划分空间领域的作用

续表

序号	村落		传统村落基本情况概述
8	门头沟区龙泉镇琉璃渠村	传统建筑	村落各街巷的组团中既有规模宏大的邓氏宅院、琉璃厂商宅院等院落群，也有小巧精致的李氏宅院和三官阁过街楼。村落虽三面临山，但其建筑大部分位于平地，总体建筑布局高差变化小，多为一层高的合院，只有北部和南部有少量宅院依山而建，沿山势向海拔高处错落地分布
		传统文化	琉璃渠村烧造琉璃，至今已有七百余年的历史，精湛的琉璃渠琉璃制作工艺是皇家琉璃制作的代表，列入国家级非物质文化遗产保护名录。此外，五虎少林会，是门头沟十三会中重要的会档，以表演武术为主，已列入门头沟区级非物质文化遗产名录
9	门头沟区雁翅镇苇子水村	周边环境	苇子水山环水绕，负阴抱阳，山上积水汇流成河，贯穿村落东西。村东侧有一山峰突起，其形态酷似老龟昂首眺望，有"神龟望日"之称。而背后的九条山梁形似巨龙，探入低谷
		格局风貌	主街沿灵泉河分布，为石梯路。次街由两侧建筑外墙或矮墙围合，界面连续统一，简洁明快，颜色朴素。次街西段为石块铺地，东段延伸至山体则为土路。小巷弯曲有致，垂直于等高线分布，联系处在不同高度的院落
		传统建筑	村子民居分布在九龙八岔（九道山梁）之中，依山建有四十余座明清四合院，多处基本完好，建筑坐北朝南，方位端正。八座古桥沿河架设，桥身长短随之变化，其中两座古桥已纳入北京市文物普查登记项目
		传统文化	苇子水村秧歌戏始于明末清初，已有三百多年的历史，其剧目内容保留完整，对于研究京西民间戏曲有一定历史价值；苇子水秧歌戏已列入北京市非物质文化遗产保护名录
10	门头沟区雁翅镇碣石村	周边环境	碣石村依山临涧，四周有百花山、横岭、黄草梁山势围合，西南方为永定河
		格局风貌	碣石村中东西走向的中街长两百米，六条南北走向的胡同与主街次第交错，村庄整体看上去呈东西"Y"字形，左侧的斜竖为大峪沟。村落路网结构清晰规整，竖向空间富含变化
		传统建筑	碣石村内建筑基本呈明清时期典型四合院风格，建筑修建坚持"修旧如旧"的原则，使古村风貌保存比较原汁原味，并且没有做外墙保温和塑钢门窗。龙王庙主殿基本保存完好，现已重修
		传统文化	碣石村地下水源丰富，古井造型丰富、交错分布，有"七十二眼井"之说，被誉为"京西井养第一村"。大寺庙口的"子母井"因其"井中井"的奇观，为人熟知

续表

序号	村落		传统村落基本情况概述
11	门头沟区大台办事处千军台村	周边环境	千军台村位于京西古道主干道西山大路上,自古是商旅往来的必经之路。村落位于清水涧沟与曹家铺八里沟两河汇流之处,山水形胜及自然环境俱佳。村内历史资源丰富,有古影壁、古桥、古道、古树及古庙等
		格局风貌	中主街沿等高线东西贯通全村,主街南端缓坡连接京西古道,东端为村口"紫气东来"影壁。主要道路宽敞平坦,营造了聚集空间,次要道路中有的两侧基面抬高,可以使人在行走时获得内聚效果
		传统建筑	古民居以三合院、四合院为主,以石材砌墙、布瓦,均依山而建,墙门保存比较完整,入口处多设有影壁,用于阻隔视线,抵挡山风,具有鲜明的地方特色和精湛的构筑技艺。建筑多为清水脊,平草砖雕,石板瓦铺顶,盖瓦起垄压顶
		传统文化	千军台幡会始于明朝,兴于清朝,曾受过皇封,是山村古庙会的产物,以请神、送神、祭神为主要内容,被列入第四批国家级非物质文化遗产代表性项目名录
12	门头沟区清水镇燕家台村	周边环境	燕家台西与河北省相邻,属于盆地地形地貌。村庄四周由洒篓坨、笔架峰、老东尖、摩云山、灰坨梁、南坨等六山如莲花般围绕,村庄位于台地中央,犹如凸起的莲花托。龙门涧分别从东西两面绕村而过
		格局风貌	燕家台村地势平坦,聚落台地高差较小,建筑多为一层或两层。街巷格局呈现三横两纵的规整的路网结构。村口设有拱形门楼,内墙由长征诗、花卉植物等壁画装饰,文字书法具有艺术风格特征
		传统建筑	通仙观为汉唐时期古迹,元、明两碑砌于券门。古民居多为明清时期修建的四合院,院落入口皆有影壁,墙角处多立"泰山石敢当"镇宅。建筑以一层硬山顶为主,民居中的门楼、靠山影壁及屋顶是重点装饰部位,以砖雕、木雕、石雕的方式雕刻图案
		传统文化	燕家台村戏曲文化特色显著,戏曲表演主要以传统梆子戏为主,兼具山西梆子和河北梆子曲调,形成本地戏种味道,是门头沟戏曲传统村落中山西梆子戏传唱最著名的村落
13	门头沟区清水镇张家庄村	周边环境	张家庄村坐落于清水河西岸,崖古岩前,上安沟、大安沟之间的一片开阔地上。张家庄村内有南北走向的两条主街,周边的奴才沟、罗班沟,以及村北的背子沟、村东的小青峪沟都林木葱郁,植被繁茂。沟、谷、河、路两旁全部土地都已退耕还林
		格局风貌	传统街巷为不规则块石铺就。宽3米左右,阶面随意自然,宛转上延,颇有古村乡意

续表

序号	村落		传统村落基本情况概述
13	门头沟区清水镇张家庄村	传统建筑	传统建筑受山地地形的限制,建筑多采用东西向布局,建筑风格淳朴,石砌墙体,青石台阶,木质门罩、门楼砖雕、墙腿石雕刻精美
		传统文化	张家庄村紧邻京西古道,商贸文化繁荣,兴隆寺、大型四合院、戏台等建筑均因经济繁盛兴建
14	门头沟区王平镇东石古岩村	周边环境	东石古岩村坐落于西山坡上,区域山体整体呈葫芦状,石佛岭及东石古岩村处于葫芦的腰部。京西古道穿村而过,村庄与古道历史一脉相承,区级文保单位石佛岭古道摩崖石刻、区级普查登记文物石佛岭古道等历史文化资源丰富
		格局风貌	村庄格局总体上依托古道和山势而建,主街道为东向西,西高东低,路南侧临泄洪沟。沟与街道并行,把村庄聚落分为南、北两部分,至今仍沿袭旧称曰"南院、北院"。东石古岩村文化底蕴深厚,空间格局北方特色明显,具有典型的兼容性文化特征
		传统建筑	位于村庄东侧的老建筑群以院落为单元相互嵌套,相互连接,通过各个院落可直接进入各户,此为东石古岩村的最大特色。院落主要以一进的三合院为主,四合院较少。整个村庄内院落肌理比街巷肌理更为明显
		传统文化	民间手工艺有宣纸烙画、民间剪纸、麦秸画等。其中宣纸烙画、民间剪纸起源于西汉,历史悠久,至今依然有序传承,有多位传承人,并建立了村级手工艺合作社
15	房山区南窖乡水峪村	周边环境	水峪村位于北京市房山区南窖乡西南部,形成"Y"字形沟域,将水峪村自然分割为东西两部分。居于村东王岭上的纱帽山高耸突兀,云蒸霞蔚,自古为水峪村的天然地标
		格局风貌	整个村庄依山而建,由山岭和沟谷自然分割成东西两部分,俗称水峪东村和水峪西村。一条由青石砌成的"S"形古道贯穿东南西北。村落沟谷坡岭层层梯田呈八卦式布局,保留着比较完整的明清风格建筑群
		传统建筑	水峪村明清古建筑群公布为房山区文物保护单位,现保存着一百余套明清时代的四合院民居院落形制,包括一、二、三、四等多种合院形制,以三合院、四合院院落形式居多。建筑布局依山临街,布局朝向灵活,院落入口多朝向主街
		传统文化	古中幡作为传统民俗文化的有效载体,是当地百姓农闲时节、节日庆典的重要娱乐形式,已被列为北京市非物质文化遗产名录

续表

序号	村落		传统村落基本情况概述
16	房山区南窖乡南窖村	周边环境	南窖村地处大房山西麓，村域有玄帝庙、古戏楼、古商街等古遗址3处；以果家大院为代表的古宅一百五十多间；古树一百多棵，包含四棵树龄两百年以上的玻璃树
		格局风貌	村庄位于盆地中心，所建新村位于两端。古商街作为京西古道的重要组成部分，作为村庄的主要道路穿村而过，两侧街巷呈鱼骨状向南北两侧延伸，古树和庙宇成为村民通常集散的场所
		传统建筑	民居建筑以明清时期为主，部分民国时期的建筑，院落形制以一进合院为主。师从山西的孟记膏药铺等商业建筑紧邻古道，建筑受地形影响，为提升采光效果采用坐西朝东的形式布局
		传统文化	南窖村民俗节庆活动形式丰富，狮子会、炮会、银音会等传统文化活动传承良好，并成立民俗会团组织
17	房山区大石窝镇石窝村	周边环境	石窝村位于五峰山西麓山脚下，在古石窝邑旧址处，以盛产汉白玉闻名天下。村民以汉族居多，也有满、回等少数民族
		格局风貌	村庄整体为长方形，其格局部署整齐，四条街道加中心官厅。现有的石窝村是经过原址改造、人与人之间地域的相似性逐渐形成的
		传统建筑	石窝村古刹显圣禅寺，始建于明代，目前寺内部分已改建民宅，显圣殿依然留存。真武庙、三官庙等古建筑现状保存完好，屋顶形式以硬山屋顶为主
		传统文化	大石窝石作手工艺是市级非物质文化遗产代表性项目，历史可以追溯到汉代。大石窝雕刻工艺属北派大理石雕刻，历史跨度长，风格多变，为皇家御用，石作文化成为大石窝的主要传统文化
18	房山区佛子庄乡黑龙关村	周边环境	黑龙关村位于房山大石河沿岸，处于房山北沟的核心地带。黑龙关村建于元末，距今已有六百多年的历史，绝大部分居民为明代从山西洪洞移民而来的
		格局风貌	村落地势平坦，地势整体狭长，最宽处不到两丈宽，仅有一条道路组织村落交通，沿街建筑以北方传统四合院、三合院为主，受地形建设空间影响
		传统建筑	建筑布局随南北方向的主街变化，形成东西朝向的建设风貌特色，民居建筑以一进式合院为主，建筑结构一般为砖木石结构，屋顶敷设薄石板，极具地方特色。关帝庙、龙神庙、五道庙等传统民俗建筑保存较为完整
		传统文化	黑龙关村民风淳朴，"二月二酬龙节"庙会为黑龙关龙神庙民俗祈雨活动，已被列为房山区非物质文化遗产

续表

序号	村落		传统村落基本情况概述
19	房山区蒲洼乡宝水村	周边环境	宝水村位于北京市房山区蒲洼乡最北端,背山面水,村庄建造于地势较高处,紧邻国道
		格局风貌	村庄南侧和西侧地势较低,水源丰富,水源出口处设有龙王庙,兼顾引水功能和礼仪双重效用;村庄院落沿等高线布局,层叠错落、整齐有序、形态适宜。村内街道多为石板材质,以之字形在山坡中蜿蜒盘旋
		传统建筑	宝水村现存清朝时期的传统民居建筑四十余处,其制式、格局受村民经济条件和地形地势条件而异,建筑多依山就势,建筑就地取材,以土木石结构为主,屋顶采用板石铺砌,形成"压七露三"的石板房特色民居
		传统文化	京西隗氏祭祖习俗是宝水村特色的祭祖活动,分为家庭祭祖和家族祭祖,已被评选"房山区非物质文化遗产"。此外还有传统刺绣、山梆子戏、隗氏家族文化、传统饮食文化、中华蜂养殖文化
20	房山区史家营乡柳林水村	周边环境	柳林水村位于房山区西南部的山区史家营乡东部。因村南大堰台沟中多柳树,故而得名
		格局风貌	柳林水村北依后岭头山,南有大石河支流流过。东西向街巷三条,中间为主街,全长三百米,街道浆砌块石
		传统建筑	传统民居大多建于明清时期,古民居四合院二十余处,居住多为一进四合院,屋顶为石板硬山顶,屋脊两侧为蝎子尾,墙体多用砖石瓦木。长星观、龙王庙、圣泉寺等建筑屋顶多采用悬山式,保存相对较为完好,成为村民进行精神文化活动的重要场所
		传统文化	祈雨等传统民俗文化已传承百年,龙王庙、长星观等与之依存的物质环境保存完整。山邦子戏曲文化成为重要的传统表演形式,每年都会到房山、门头沟各地进行展演
21	通州区漷县镇张庄村	周边环境	张庄村隶属通州区漷县镇,北接京杭大运河,南邻凤港河
		格局风貌	张庄村地处平原,水资源充足,交通便利,发展建设速度快,导致保存完整的传统民居已不多。村庄传统街巷格局保存完整,建筑采用排子房形式
		传统建筑	传统民居为中式北方建筑风格,正方有两房山,有房脊。两房山没有门,门窗都在前面,极少数开有后门,现存传统村居较少
		传统文化	张庄村作为京杭大运河最北端的传统村落,因运河而兴起的运河龙灯会、小车会等传统民俗文化传承至今,形成鲜明的"蓝色双龙、运河崇拜"文化特色

续表

序号	村落		传统村落基本情况概述
22	顺义区龙湾屯镇焦庄户村	周边环境	焦庄户村位于燕山余脉歪坨山下，北接密云，东临平谷，属于山区与平原的接合部。村落建成于明朝军事移民期间，村庄历史悠久
		格局风貌	焦庄户村依河（金鸡河）而建，基本保留了明清时期布局，建筑布局紧凑，多为一进院或二进院
		传统建筑	传统民居受气候及移民文化影响，庭院布局兼有晋中民居的特点，建筑的细部装饰独特，门楼、影壁、围墙高度、蝎子尾屋脊、门窗装修、烟囱等富于变化。院落部分正房檐墙上还保留有精美的砖雕天地龛。建筑材料多就地取材
		传统文化	抗日战争时期，焦庄户村军民利用地道与日军开展战斗，被授予"人民第一堡垒"称号。村内地道战遗址、马文通烈士旧居、三通顺教育科旧址、三支队司令部旧址等十余处革命遗迹保存较好，红色革命文化特色明显
23	昌平区流村镇长峪城村	周边环境	长峪城村位于昌平区流水镇西北部山区，四周环山，山脚下由北向南为山谷泄洪河滩，河滩两侧为抬高缓坡平地，是古时延庆、怀来两地进入京城的一处要道。明代时，长峪城曾是京西北长城的戍边城堡之一，其战略地位较为重要
		格局风貌	村落南北长、东西窄，呈狭长状，有旧城和新城两大片区。旧城中，以南北向主干道为骨架，两侧街巷垂直于主干道展开；新城中，正对瓮城有一条主干道，相对较短，并未横贯整个新城，其余部分因地势高差等相对灵活
		传统建筑	村落中零星散布着不同类型的传统建筑，其中代表性的居住建筑主要有宋家大院，庙宇建筑主要以永兴寺、菩萨庙以及关帝庙为典型。新旧两城内，老院落布局因地而异，不同中彰显规律；越靠近山体的建筑，越是稀疏，院落的布局也越显灵活
		传统文化	长峪城村唱社戏的传统最早可追溯到明朝永乐年间，至今已有近六百年的历史。社戏唱腔曲调融合了山西梆子和河北梆子的特色，形成长峪城村独一无二的曲调。同时灯节也是村庄正月十五举办的传统民俗活动，"九曲黄河灯阵"是较有影响力的活动
24	昌平区十三陵镇德陵村	周边环境	德陵村位于北京市昌平区十三陵镇东侧，潭峪岭西麓，村内环境风貌优美，山林占绝大多数比例，周边自然环境良好。村落布局完整，村内有古遗址明熹宗朱由校和皇后张氏陵墓大明古堡、古树古建筑等
		格局风貌	村庄地处德陵西南侧的山前台地，西侧有永陵沟流过，北侧有德陵沟流过，传统聚落平面呈"回"字形布局，方正严谨，设内外两道监墙，为防御性墙

续表

序号	村落		传统村落基本情况概述
24	昌平区十三陵镇德陵村	传统建筑	德陵村监墙内建筑排列规整有序，传统建筑分为两类，一类为传统民居，以三合院和四合院为主，多为砖木结构，两坡硬山居多。一类为陵寝类建筑，总体布局仿照昭陵，前为两进相连的院落，后为明楼宝城。在明楼宝城后有哑巴院，冢前的琉璃照壁随墙而建，属于明十三陵传统建筑集中分布之一
		传统文化	德陵村因明代设专门看护陵寝、组织祭祀的深宫监而建村，清朝时期又设置司香官和陵户，负责祭奠和管理事宜。之后，陵户定居于此，繁衍生息，因此护陵文化一直传承至今
25	昌平区十三陵镇康陵村	周边环境	位于大峪北坡和立石岭东麓冲积扇上，地势西南高、东北低。锥石口沟经村东流过
		格局风貌	康陵村地势平坦，呈正方形，由古监墙圈围而成，清晰有条理，整齐排列，村内道路呈"日"字形
		传统建筑	传统民居坐西朝东，以四合院为主，三合院较少，院落沿街布局，入口均正对街道，建筑多为砖石木结构，硬山顶，门窗扇皆为木构，面积较大。陵寝建筑由神道、陵宫及陵宫外附属建筑三部分组成，陵宫建筑总体布局呈前方后圆形状
		传统文化	立春正德春饼宴和打春牛等民俗文化活动特色明显，寓意五谷丰登
26	昌平区十三陵镇茂陵村	周边环境	茂陵村地靠燕山脉元宝山，位于天寿山和莲花山东坡丘陵冲积扇上，松柏颇多。茂陵是明十三陵之一，为国家重点文物保护单位，是明朝第八代皇帝朱见深及皇后王氏、纪氏、邵氏的合葬陵墓
		格局风貌	茂陵村原有内外监墙，整体呈"回"字形格局。监墙墙体多用卵石砌筑，外墙保存完整，内墙破损较为严重。村庄内路网"两横一纵"布局，建筑沿街集中分布
		传统建筑	陵寝建筑由神道、陵宫和附属建筑三部分组成，茂陵的建筑在清初时保存尚好，而且祾恩殿内的陈设也保存较多
		传统文化	茂陵村与十三陵其他传统村落共同构成护陵文化

附录
北京市传统村落基本概况梳理

续表

序号	村落		传统村落基本情况概述
27	昌平区十三陵镇万娘坟村	周边环境	万娘坟村位于苏山东麓，地处翠花山和五凤山东坡的位置，紧邻十三陵盆地西部边缘
		格局风貌	万娘坟村背靠山岚，山势呈莲花盛开的花瓣状。村落依托北部园寝形成，整体格局较为规整，地势平坦，民居分布集中。道路网络布局为"两横五纵"的路网结构，其中西侧南北向主路，北部连接古墙大门至国道
		传统建筑	传统民居建筑以合院式为主，万娘坟园寝建筑特色突出，坟茔前部方形院落和后部半圆形院落的围墙基本保存完整。内墙内原为两进院落，现一进院仅存内侧门垛，二进院遗存有各殿柱础石若干。方院通往半圆形后院处，开有五脊门一道，形制与园寝门相同，现仅存两门垛。半圆形寝园中轴线上由前至后设有照壁、石碣、石供案和墓冢
		传统文化	万娘坟村护陵文化也是十三陵传统村落集中区文化构成的重要组成部分
28	平谷区大华山镇西牛峪村	周边环境	大华山镇西牛峪村位于平谷最北部山区沟谷中，地处茶叶山南麓的深山区，村落三面环山，地下水资源丰富
		格局风貌	村落周边多坡地和梯田，内部地势北高南低，道路沿山坡等高线曲折蜿蜒，将散布的民居院落串联起来。村内村庄规模较小，建筑依山就势建设，形制以四合院为主
		传统建筑	西牛峪村最初为茅草房，墙体多用石头简单砌筑。后建筑逐渐以四合院形式为主，屋顶采用双破硬山顶，小灰瓦铺设屋顶，墙体由规整的石块或土坯垒砌
		传统文化	西牛峪村三面环山，村落隐蔽性强，抗日战争时期化名上堡，具有一定的红色文化。同时结合自身自然环境优势，形成西牛峪玉露雪梨生产基地，形成特色化规模化种植
29	怀柔区琉璃庙镇杨树底下村	周边环境	杨树底下村位于琉璃庙镇，背靠黄梁盖，南临圆金梦黄金主题公园，位于南北两山夹峙的沟谷之间，琉璃河绕村而过。村落依山傍水，自然山水环境优美
		格局风貌	杨树底下村地处琉璃河北岸，村落沿河呈带状分布，顺应河道呈"U"形延展。村庄道路结构清晰，主要道路平行于河流，与外部公路衔接，村庄整体路网呈鱼骨状。建筑整体位于北山高坡上，中式形制，青堂瓦舍，街道旁边磨碾相对，院墙整齐

续表

序号	村落		传统村落基本情况概述
29	怀柔区琉璃庙镇杨树底下村	传统建筑	传统建筑主要建于清代，建筑形制以三合院为主，采用石木结构，屋顶为硬山顶，上覆青瓦。建筑就地取材，由河道中的卵石垒砌，窗户采用木结构形式，建筑形式简朴，无过多繁复的装饰，具有山区京西民居的特色
		传统文化	"敛巧饭"活动因感念山雀救种之恩而设，在吃敛巧饭之前要举行"扬饭喂巧"仪式，距今已有二百多年的历史，已被列入国家级非物质文化遗产名录，敛巧饭传统民俗文化寓意逐渐丰富，在杨树底下村持续传承
30	密云区新城子镇吉家营村	周边环境	吉家营村是长城防御工程体系中的军堡，背靠雾灵山，南面群山、西望长城、东通二道关、北临小清河，村落选址格局充分体现了"因地制宜、因险制塞"的军事防御特色
		格局风貌	村落格局大致保留了吉家营城墙围护的骨架结构，原有东、北、南、北四门，现存东、西两门，并由三条村庄主街巷作为骨架组织连接，与街道丁字形相连的巷道依山伸展，方向各不同；入户道路互不直通，形成了可守可退的空间结构，强调防御性
		传统建筑	村中住宅坐北朝南，均为合院，限于堡内面积，除二合院、三合院外，一合院占多半，并呈现军营连排的特色，建筑保存较好。城堡内的建筑绝大部分仍为传统式样，明清风格。建筑装饰主要集中在墀头、屋脊、檐口、墙壁以及影壁等处，以石雕装饰为主
		传统文化	吉家营村是"亦守亦居亦耕"的长城堡寨型聚落，村落长城文化特色典型，是北京长城文化带中的重要节点
31	密云区新城子镇小口村	周边环境	小口村位于密云区东北角，地处长城脚下，四面环山，南临安达木河，小口村地处咽喉要道，交通枢纽，四通八达，是去往雾灵山、云岫谷的必经之路，距离司马台长城十多公里。临近遥桥峪水库，周边自然文化资源丰富
		格局风貌	村落四面由城墙围起，墙体随山就势，呈不规则六边形，城墙以坚固的砖石、卵石砌筑，墙体整体保存完整。受围墙建设限制，村庄采取密集型布局，内部有关帝庙和角楼保留，院落形制分等级而定，布局规整，便于防卫
		传统建筑	传统民居建筑采取阔院式。建筑屋顶为硬山式，板瓦盖顶，正脊采用蝎子尾，瓦片倒扣，便于排水。关帝庙为元代建筑，坐北朝南。方直台基，硬山顶，筒瓦屋面。抬梁式大木架，室内墙壁及梁、枋上绘道教题材彩画。小口城堡是明朝为加强边境的军事防御而建
		传统文化	小口村是典型的戍边聚落，在抗战时期也经历过多次战役，"古庙传说""烈士的故事"等民间传说、历史故事流传至今，军事防御文化、红色文化特色突出

续表

序号	村落		传统村落基本情况概述
32	密云区新城子镇遥桥峪村	周边环境	遥桥峪村位于新城子镇的东北部，村四面环山，处于遥桥峪水库下游，水资源丰富，土壤肥沃，空气宜人，自然条件十分优越。村内有雾灵西峰、云岫谷、遥桥峪水库、遥桥古堡等景区
		格局风貌	遥桥峪村格局属于典型的堡寨式，防御体系完善，包括堡墙、街巷、居住院落三层。内部街巷肌理保存完整，采用具有防御功能的丁字巷，传统建筑现存较少，但整体建筑风貌采用青瓦坡屋顶形式，整体风貌协调
		传统建筑	遥桥峪古堡始建于明代，南面正中有城门一座，堡门上额镌刻"遥桥古堡"四字，至今保存完好。四面城墙均为砖石结构，四角各有供放哨用之角楼一间。现存传统民居较少，多为中华人民共和国成立之后建设，建筑材料以砖石为主
		传统文化	遥桥峪堡寨属于沿边卫所，在明朝戚继光指示下建设的长城防御设施。在抗战时期同样发挥着防御守卫作用，成为八路军的根据地，因此遥桥峪村军事文化与红色文化特色显著
33	密云区古北口镇古北口村	周边环境	古北口村东边蟠龙山与西边卧虎山二山对峙，紧锁潮河，北承燕山山脉，南接青峰、叠翠二岭，形成"四面环山，一水中流"的独特韵味。村落依山而建，背山面水，呈现"七分山两分田一分水"的地理特征
		格局风貌	村落整体空间格局根据地形等自然条件的约束以自下而上的方式形成，建筑组团之间的空间步移景异。古北口村街道骨架基本保存民国时期"一纵五横"的鱼骨式格局，即一条南北向老街为轴线，东西向延伸出众多的次要街巷，构成村庄的主体道路结构
		传统建筑	传统公共建筑即古北口村的官署建筑、庙宇、戏台，各有特色。沿街建筑为位于街道两侧的商住两用型建筑。住宅建筑即古北口的传统民居，典型形制为正房坐北朝南，临街为砖墙，中间或两边开门，面阔多为三间，厢房居于东西两侧，是北方地区传统民居的典型代表
		传统文化	古北口村是华北平原、内蒙古草原之间相互往来的交通要塞之一，是万里长城的重要关隘，军事防御地位突出。同时也是重要的商贸集镇，现状古商业街、古御道是历史风貌保存较好的街巷
34	密云区古北口镇潮关村	周边环境	潮关村位于密云县古北口镇中心西部，地处阴山西段山脚，位于潮河北岸，是古北口地区现存较早的古城
		格局风貌	村落北、西、南三面临潮河，北依卧虎山，北齐长城遗址位于村西山脊。村内建筑风格古朴，依山势而建，错落有致。村落由东、西两部分构成，传统建筑主要分布在村西，保存较完好

续表

序号	村落		传统村落基本情况概述
34	密云区古北口镇潮关村	传统建筑	村落内传统民居多建于清代,一般为砖石木结构。潮河关城堡遗址、瘟神庙、清代戏楼、真武庙等建筑保存完好,建筑内山墙、梁柱上绘画精巧,绘画题材以八仙形象、渔樵耕读等村民喜闻乐见的生活场景为主
		传统文化	潮河古堡是明时期重要的防御据点,同时潮关村是古北口战役中中华民族奋勇抵抗的历史见证,红色文化地位凸显。同时在长期的抵抗潮河泛滥的历史中,瘟神庙庙会成为代表性的民俗文化
35	密云区古北口镇河西村	周边环境	河西村北依卧龙山,南面东面潮河环绕。因是京城通往热河避暑山庄的唯一通道,设立九门提督军事衙门。村域现存有西大梁和沿青龙山至东关的北齐长城,有姊妹楼沿卧虎山至八宝楼的明长城,还有吕祖庙、清真寺、七郎坟、古民居等历史建筑
		格局风貌	村落内现有两条东西走向的主干街道,分为前街和后街,民居宅院都分布在前街、后街两侧。古时衙门驻地场地至今仍保留为空地,形成河西村独具特色的开敞空间和布局形式
		传统建筑	河西村传统建筑多建于清代,沿街建筑兼具商业售卖功能,沿街立面常设窗户。清真寺建筑保存较好,为合院式建筑,现在是举办回族等民族文化活动的重要场所。明代河西城堡遗址呈正方形,现残存北墙及西北角部分墙体,墙体由大块山石垒砌,白灰勾缝
		传统文化	河西村民族文化特色鲜明,村落中除汉族外还有满族、回族、蒙古族、朝鲜族、苗族、裕固族等少数民族,全村共有130个姓氏,是全国姓氏数量位居第二的百家姓村。隆福老会、腰鼓、戏曲(如京剧、河北梆子)等传统技艺丰富
36	密云区石城镇黄峪口村	周边环境	黄峪口村坐落在蛇鱼川河两侧,南北靠山夹在燕山山脉中间。借助险要的地势,明代万历在此修建长城抵御外敌,是典型的城堡型聚落
		格局风貌	黄峪口村依山傍水,村落整体格局呈羊肚形。上山小路多以石板铺成,整体道路网络结构呈鱼骨状。建筑布局具有深山区建筑风貌的特征,部分段位长城仅剩基座,长城敌楼大面积残破,需要修缮
		传统建筑	黄峪口村由于新农村改造,部分老房、危房已经拆除,现仅存几座保存较完好的房子。黄峪口村由于是峡谷地形,平整地形较少,所以房间和院落修建的是比较小的三四间屋子。建筑材料就地取材,墙体用石块和黏土砌成,具有防水、防震、保温等特点
		传统文化	黄峪口村存在历史悠久的养蜂文化,养殖的是中国特有的中华蜜蜂,村民保留传统养蜂技艺,村民在山坡上用泥土和稻草搭建蜂桶

续表

序号	村落		传统村落基本情况概述
37	密云区太师屯镇令公村	周边环境	令公村位于山前平原，北邻仙居谷自然风景区，西邻安达木河，河流与道路交叉汇合处发展形成古城堡型聚落。村域传统资源有辽代令公古城堡、九龙十八潭、古洞悬阳等
		格局风貌	令公村最早建于辽代，曾出土大量辽代沟纹砖、绳纹砖、釉陶罐、碗、瓷片等。明代时建古城堡，在长期向外建设拓展中，形成四山夹一河再加城堡的"村中城"景观。村落内部道路多为南北向，与村落外围的过境道路相衔接
		传统建筑	传统建筑多建于清代，沿街巷布局，多为南北向。建筑整体风格较为古朴，呈现砖木石结构、硬山顶、清水脊、山石砌基、卵石窗下装饰的简约庄重风格
		传统文化	令公村村名源于宋代名将杨继业（杨令公）带兵打仗途经此处而得名，至今民风淳朴，保留着山区古堡型聚落特色
38	密云区冯家峪镇白马关村	周边环境	白马关村坐落于密云区西北部山区，白马关河流经全村。村址在白马关河东岸，北靠长城，东依山脚，北高南低，属深山区
		格局风貌	白马关村群山环抱，地势险要，自古为要塞关口，是通往东北的主要通道。明代修建长城时建白马关隘，并修建营城，名曰白马关堡，其门洞及西墙保存完好。整体路网结构呈鱼骨状，道路形式注重防御性，采用丁字路口、尽端小巷
		传统建筑	古村内依旧沿袭着古朴的边塞风格，传统民居建筑以三合院为主，院落形态布局规整，常见城砖砌筑的建筑，风格别致，相似又不尽相同
		传统文化	白马关城堡是重要的军事防御设施，明代时曾驻扎千员兵将，军事文化特色鲜明。白马古道以白马关为节点，是重要的关内外商贸交流的重要关口，历史上商贸文化兴盛
39	延庆区八达岭镇岔道村	周边环境	岔道村地处八达岭长城脚下，地势东高西低，沿沟谷东西延伸，村南村北均为山岭。自古以来，作为八达岭长城的前哨，岔道村起着非常重要的防御作用
		格局风貌	岔道古城尚保存完好，呈不规则长方形，中间略鼓，两端略缩，依山势而建，北部城墙建在半山腰上，城墙由石条城砖、石灰、泥土筑成，南城墙有烽火台两座。岔道城由主街连接东西城门，地面为石头铺就，街道两侧遍布明清风格四合院格局的建筑

续表

序号	村落		传统村落基本情况概述
39	延庆区八达岭镇岔道村	传统建筑	传统民居建筑沿街巷布局，多南北朝向，且多为一进式四合院，院内设有影壁。建筑规整朴素，采用硬山屋顶，砖石砌筑，木结构门窗。村落内主要公共建筑包括岔道戏楼、关帝庙、城隍庙等，建筑多为一进合院式，部分建筑采用歇山式屋顶，屋脊檐角有鸱吻、狮子等小兽装饰
		传统文化	从岔道堡、岔道城到岔道村，村落成为明清时期军事文化、商贸民俗文化的缩影。该村依托长城景区，恢复了岔道古城内百年前已有的康家老店、三顺店、兴隆店等老店铺，重现古城原始风貌。"威风"锣鼓队、慈孝敬老节等传统民俗文化成为彰显岔道村村落文化的重要文化表现形式
40	延庆区张山营镇东门营村	周边环境	东门营村处于北京通往山西和内蒙古咽喉要冲上，背靠海坨山，紧邻古崖居、官厅湖、妫川
		格局风貌	至今保留明清格局的街道和四合院落，城池地势西北高、东南低，在城外西部和北部是两道数米高的土崖屏障。街道为布局一致的高门台，当街坡度最大，为保持界面完整，当街用石头隔断，避免雨水冲击，坡度最大之处用石头铺地
		传统建筑	东门营屯堡建于明代，城门为青砖砌成，城内均为明清典型的两进或三进的四合院。与延庆其他村落的古民居不同的是，东门营村临街房子大多是后檐墙上部多出三层砖檐，建筑屋顶采用红色烧制瓦片。阎王庙、关帝庙、泰山庙、真武庙、古崖居等公共建筑保存完整，关帝庙采用悬鱼、脊兽等部件装饰，建筑内部均有壁画彩绘装饰
		传统文化	东门营村内庙宇多达九座，流传着"三步两庙"的说法，即泰山庙、真武庙、观音庙、龙神厅、五道庙、三官庙、阎王庙、关帝庙、龙王庙，祈雨求子等传统民俗文化传承至今
41	延庆区井庄镇柳沟村	周边环境	柳沟村位于延庆县井庄镇，古称凤凰城。西靠九龙山，东邻燕羽山，位于两山之间的开阔地，村落内主要街呈东西走向
		格局风貌	柳沟村内古城墙保留较为完整，现存的柳沟古城遗址呈不规则方形。北城门上部筑有城台，内侧设有登城马道。北城门外有瓮城1座，方形，西侧开一门。村落格局受"井田制"影响，呈整齐的方格网，主要的道路为十字街，南北向长街贯穿全村，北抵城门
		传统建筑	传统民居建筑具有"三封一敞"的风格特征，建筑主体结构为抬梁木构式，墙体由砖石砌筑，屋顶采用硬山式，筒瓦盖顶。城隍庙部分塌毁，仅存正殿。建于20世纪六七十年代供销社，现存红砖墙和五间红砖瓦房，门的正上方铁牌上面写着"井庄供销社柳沟分销店"

续表

序号	村落		传统村落基本情况概述
41	延庆区井庄镇柳沟村	传统文化	柳沟手工艺酸浆豆腐文化成为柳沟村特色民俗文化，已建设培育"柳沟手工艺豆腐加工坊"等文化传承业态，通过标准规范的操作流程、加工设施以及游客的亲身体验，进一步宣传柳沟豆腐文化
42	延庆区珍珠泉乡南天门村	周边环境	南天门村地处延庆四季花海景区的终点，毗邻燕山山脉南部齐仙岭景区。位于菜食河东岸河谷台地上，村落内部道路与外部联系的道路四宝路直接连接，土壤肥沃、资源丰富
		格局风貌	村落沿菜食河呈带状分布，建筑沿东西向主街分布，道路尽头为圆形广场，承载村民主要的休闲文化活动
		传统建筑	传统民居建筑院落布局相较于山地较为开阔疏朗，以一合院二合院为主，建筑结构以木构抬梁式为主，青瓦双坡硬山屋顶，建筑材料与近山平原台地的地形区位特征相结合，采用砖石、泥土砌筑。窗扇为方格木制上悬窗，利于夏季通风采光
		传统文化	南天门村民风淳朴，以种植玉米和春小麦为主，原生态地保留着原有的生产生活方式，农耕文化深厚
43	延庆区康庄镇榆林堡村	周边环境	榆林堡村位于康庄镇的西南口，历史上是大都至上都十二站中的重要驿站，是明朝长城为主的九边镇戍体系中重要的军事堡垒。现状是进京的西大门，东有八达岭，西有康西草原，北靠国家湿地野鸭湖，南临河北怀来县
		格局风貌	榆林堡村位于洋河、妫川、桑干河交汇的盆地中心，古榆林城呈"凸"字形，内城夯土城楼和部分城墙。南城呈正方形，古驿大道穿南城，古时商业建筑沿街巷布局，随着人口规模的增长，古城东侧进行扩展建设
		传统建筑	榆林堡村明清时期民居建筑颇具特色，属燕北四合院，高门台、深门道，具有塞外的豪放，房顶为板瓦筒瓦合而为一。建筑装饰主要体现在窗棂、门枕石、墀头等，采用木雕、石雕形式。城隍庙、刘家公馆等建筑保存较为完整，城隍庙中的正殿为硬山顶，钟楼为歇山顶
		传统文化	榆林堡村作为元明时期重要的军事防御设施，村落格局与建筑布局具有典型的军事文化特色；同时，民间花会如高跷、小车、旱船、二哒子摔跤、老汉背妻、灯山会等于正月十四到十六日定期举办，淳朴的民俗文化丰富
44	海淀区苏家坨镇车耳营村	周边环境	苏家坨镇车耳营村位于海淀区西北部，大西山凤凰岭自然风景区南线景区。村落背靠燕山山脉，处于山区与平原的交接处，去往妙峰山四条山道之一的老北道上。村南为妙峰山古香道，与关帝庙共同界定村落的界限和节点空间

续表

序号	村落		传统村落基本情况概述
44	海淀区苏家坨镇车耳营村	格局风貌	车耳营村整体西高东低，整体呈鱼骨状东西向延伸布局，多位于沟谷地带，沿等高线灵活布局，形成灵活自由的建筑布局形式
		传统建筑	建筑形式以三合院、四合院为主，结合地形地貌进行组合布局；老爷庙茶棚为三合院，正殿为硬山灰筒瓦顶，是区级文物保护单位；瑞云庵为青砖砌基，顶部为六角七层密檐式砖塔
		传统文化	车耳营村的大秧歌、小车会、跑驴等传统文化被深入挖掘，成为村民文娱活动。剪纸、手编等民俗文化成为车耳营村传统文化传承学习的重要内容